宗教の教科書12週

菅原伸郎

トランスビュー

宗教の教科書　12週＊目次

第1週　入門する

第2週　祈る

第3週　迷う

第4週　堕ちる

第9週　建てる

第10週　むさぼるな

第11週　殺すなかれ

第12週　宗教理解の四段階

付　章　宗教教育の可能性

装幀　クラフト・エヴィング商會
〔吉田篤弘・吉田浩美〕

宗教の教科書　12週

第1週　入門する

開講にあたって

さあ、これから「宗教」の授業を始めます。まず、出席カードを配りますから、全員、自分の名前と学籍番号、そして裏に住所と電話番号を書いてください。

……などといわれて、すぐに自分の連絡先を書いてはいけません。非常に危ないことです。住所・氏名や電話番号はみだりに書いてはいけません。よく、都心の駅前で「アンケートをお願いします」とか「署名をお願いします」などと誘われますね。とくにサクラの咲くころ、地方から出てきた新入生や新入社員が呼び止められます。「イラン大地震の救援募金をお願いします」だったり、「青年の意識調査」だったりするのですが、それには怪しい宗教団体がからんでいる場合が多いのです。集まったお金がどこに流れていくか、といった疑問はもちろんあります。でも、それ以上に、氏名や住所を教えることが危ないのです。電話番号を教えると、数日して誘いの電話がかかってくるでしょう。「寂しくありませんか」「お茶でも飲みませんか」などと、親切そうに。

あるときは「〇〇〇純潔研究会」、あるときは「イラク難民×××支援会」など、ボランティア団体のような名前を告げて誘ってきます。友人や知人、あるいは美しい女性から勧められることもありますが、それらは信頼できる組織でしょうか。怪しい団体ほど、正体を隠して近づいてきます。

たとえば、こうして講義を始めた私は、本当にこの学校の教師なのか、少しは怪しんでみましたか。ネクタイを締めていて、年格好もそのくらいかな、と思って安心していませんでしたか。でも、じつは某カルトの勧誘員かもしれないのです。こうした大きなキャンパスには、だれが入り込んでいるか分かりません。同級生だろうが、教師だろうが、初めての相手には警戒すべきです。そうした心がまえがなければ、都会では生きていけないことを肝に銘じていただきたいのです。

そこで、私はまず、こうして身分証明書をお見せします。そして、自己紹介もさせていただきます。一九四一年生まれで、三十八年間、新聞社で働いてきました。いまは、いくつかの大学で「宗教と人生」「宗教教育論」「日本語表現」といった授業を受け持っています。これから宗教の基礎の基礎をお話ししていくわけですが、まず「宗教には危ない面もある」「気安く信じてはいけない」と呼びかけたく思います。もちろん、宗教がすべて怪しいのではありません。ひょっとしたら、すばらしい教えに出会うかもしれません。では、本物と偽物をどう見分けたらいいのか。そのことを、みなさんといっしょに考えていきたいのです。

お断りしておきますが、この授業では「オウム真理教」や「統一教会」といった特定の団体名は原則として出さないようにします。出したほうが分かりやすいのですが、具体名を挙げると、場合によってはその組織から叱られるかもしれません。十分に気をつけるつもりですが、うっかり「エホバの証人」とか、あるいは「ヤマギシ会」とか、名前を出してしまう場合もあるでしょう。そのときは、すぐに取り消しますので、忘れてください。ですから、みなさんはそれぞれ、「ははあ、あれは〇〇〇〇のことだな」「ははーん、あれは××××だな」などと想像してほしいのです。――ああっ、もう固有名詞を挙げてしまいましたが、これも忘れてください。世間にはいろいろな団体がある、という例としてお話ししただけで、けっして他意はありません。

さまざまな勧誘

「最近、この通りでアンケートとか署名活動と称して、高額な商品を売りつけるなどの行為が発生しています。氏名、住所、電話番号などは絶対に教えないようにしましょう。勧められても断固として断る勇気を持ちましょう」

東京のある駅前商店街では、二〇〇〇年ごろからこんな街頭放送を繰り返しています。古本屋の主人に聞いたところ、やはり某宗教団体の勧誘が盛んだからだそうです。たしかに、チラシを配ったり、署名運動をしたりと、土曜日や日曜日はとくに熱心です。

「あなたの幸せのために祈らせてください」などといって近づいてくるグループもあります。祈りたいならかってに祈ればいいのに、わざわざ「祈らせてください」と断ってくるところが怪しいのです。「ありがとう。私みたいな者のために」などと関わりあうと、すかさず「ゆっくり話しましょう」と引きずり込まれます。

向こうは正体を隠して近づいてくる場合が多いのです。あなたが、少し寂しいとか、少しだけ悲しいとか、何か悩んでいることがあると、そこにつけ込んできます。親切そうに「話しあいましょう」とか「友だちが大勢いますよ」などと誘ってくるでしょう。ある団体の場合は、はじめのうちは喫茶店や公園のベンチで、そのうちにどこかのマンションの一室に案内されます。そこには仲間らしき人物が数人いて、ビデオを見せられます。正体を隠していますから、回数を重ねるまでは相手が宗教団体だとは気づきません。

しかし、どこかで「変だな」「親切すぎるな」と感じるときがあるはずです。そう思ったら、きっぱりと「もう誘わないでほしい」と断るべきです。ぐずぐずしていると、じきに「もう、あなたは仲間だ」といわれるようになります。「この先は、実践を通して学びましょう」などといわれ、ずるずると、今度はこちらが署名活動やチラシ配りの仲間にさせられるでしょう。十万円、百万円という単位で献金もさせられます。そうやって、見ず知らずの外国人男性と結婚させられたり、韓国や中南米やアフリカの寒村で働かされたりしている日本人女性の話も、数多く報告されています。

勧誘の方法は、さまざまです。たとえば、広告という方法があります。新聞社やテレビ局や広告業界は、一般に宗教団体の布教広告を断っていますが、出版物については原則として認めているのです。

電車の中にも、教祖らが書いた「がんは治る」「霊界を分析する」「世界に平和を」「家庭安穏」といった、少し怪しげな本の広告があふれていますね。そこには「下記の電話かアドレスにお申し込みください」などとも書いてあります。うっかり電話をかけると、商品が届く前に、その団体の人があなたの自宅にやってきます。そして「本も大事ですが、私の話をまず聞いてください」などと勧誘を始めます。出版部門の受注担当者から、あなたのそばにある支部組織へ連絡する仕組みになっているわけです。もちろん、勧誘はしつこく、悩みにつけ込んできます。

ある修養団体では、講習会を開いて信者を集めます。いずれ一週間くらい泊まり込むことになるのですが、ぐるりと訳知り顔の人たち、つまりサクラたちに囲まれて「あなたはモノへの執着が強すぎるから悩むのだ」などと指摘されます。それはそれで一理ある話なのですが、これを組織的に、取り囲んで叩き込むところに問題があります。そうして「無所有」「無我執《むがしゅう》」といった教義を教え込んで、「わかった」というまでなかなか帰してくれません。根負けして「わかった」となると、「では、入会しなさい。モノに執着しないと誓ったからには、手持ちの全財産を出しなさい」となります。そして、迷いつつも入会書に署名捺印すると、その中には「提供した財産は一切返却を求めません」といった一項が入っているのです。全財産を提供してしまって、脱会後に返還訴訟を起こしている人たちが大勢います。

楽な道はない

しかし、宗教とは、こんなふうに勧誘されてまで学ぶものでしょうか。私の同僚記者だったAさんは五十三歳で会社を辞め、頭を丸めて出家しました。あとで聞いたことですが、北陸の山奥にある禅寺で修行したときの話です。紹介状をもらって目指す門前に立ち、呼び鈴の代わりにぶらさがっている板をコーン、コーンと叩きました。中から出てきた若い坊さんに「これからお世話になります」と名乗ると、相手は「そこで待っとれ」といって引っ込んでしまいました。それから、四十分、五十分、そのまま戻ってきません。新聞記者はせっかちですから、さぞいらいらしたでしょう。一時間以上も待たされて、ようやく入れてくれたそうです。

常識では失礼な話ですが、これが禅寺の伝統らしいのです。入門をすぐは許さないで、これから厳しい修行があるぞ、帰るなら今のうちだぞ、と問うているわけです。たしかに、一、二時間ほど待たされただけで怒って帰ってしまうようなら、入門しないほうがいいのかもしれません。

「慧可断臂《えかだんぴ》」という逸話があります。西暦五二〇年ごろにインドから中国の広州へやってきた禅宗の開祖・達磨《だるま》大師の名声を聞いて、慧可《えか》（四八七〜五九三）という修行僧が四十歳で入門を請いました。しかし、ダルマ先生は許してくれません。いくら頼んでも断られるので、雪の中に立って左臂《ひだりひじ》を切断し、求道の熱意を示しました。しかし、それでも達磨さんは「手など持ってこないで心を持ってこい」といったそうです。それほど入門は厳しかったのです。その後、弟子入りができた慧可は禅宗の二祖（第二代宗祖）となります。

宗教の真理はそもそも、そう簡単に伝えたり、教えたりできるものではありません。釈迦《しゃか》族の王子だったゴータマ・シッダールタは三十五歳のとき、ブッダガヤーという土地に生えていた菩提樹《ぼだいじゅ》の下で深い悟りを得て、「ブッダ（目覚めた人）」と呼ばれるようになりますが、当初は他人に教えようとしませんでした。昔の修行仲間らが「ぜひ教えてくれ」と頼みにきても、「どうせ分かってもらえまい」と思ったようです。法華経《ほけきょう》によると「ここで教えを説いて、何になろう。この智慧は微妙で、追求しがたい」とためらっています。[1] しかし、根負けして鹿野苑《ろくやおん》（サールナート）という土地で語り始めます。そうやって「仏教」が誕生したわけで、この経緯は「初転法輪《しょてんぼうりん》」と呼ばれています。初めて法（真理）の輪が転がった、という意味です。

仏教の中でも、坐禅などの難行《なんぎょう》に比べると、「南無阿弥陀仏《なむあみだぶつ》」と唱えることは易行《いぎょう》（易しい行）といわれています。しかし、その念仏《ねんぶつ》を勧めて浄土真宗《じょうどしんしゅう》の開祖となった親鸞《しんらん》（一一七三～一二六二）でさえ、こんな歌をつくっていたのです。[2]

善知識《ぜんちしき》にあふことも
おしふることもまたかたし
よくきくこともかたければ
信ずることもなを（ほ）かたし

「善知識」とは「師」のことで、「ほんものの先生に会うことも、教えることも、理解することも、信じることも難しい」という意味です。これでは、どこから勉強を始めていいのか、まったく途方に暮れてしまいます。

キリスト教の開祖となるイエスにしても、当初は布教など考えていなかったでしょう。生前、病人を癒《いや》すなど、数々の奇跡を行いましたが、それを他言しないように命じていたからです。『新約聖書』(3)の「マルコによる福音書」(七・三六)には《イエスは人々に、だれにもこのことを話してはいけない、と口止めをされた》とあります。病人が治ったとしても、それを見せびらかしたり、宣伝したりしてはいけない、と戒《いまし》めているのです。宗教の本当の価値は、手品のような不思議やご利益《りやく》にあるのではない、とも考えていたでしょう。もちろん、お金を取ったり、怪しい印鑑や壺を売りつけたりはしませんでした。

布教のルール

宗教などの勧誘には、条件がいくつかあるはずです。損害賠償の民事裁判で何度も負けている某団体は「わが教団は少なくとも刑事事件や脱税行為はしていない。霊感商法などは一部の信者がかってにやっていることだ」などと主張していますが、それでも社会的・道義的に許されないことは多いはずです。カルト被害者の救援活動をしている弁護士たちが編集した『宗教トラブルの予防・救済の手引』[4]は、信者・会員の勧誘について、こんなことに気をつけるよう呼びかけています。

（一）勧誘にあたって、宗教団体の名称、基本的な教義、信者としての基本的任務（特に献金等や実践的活動等）を明らかにしているか。

（二）本人の自由意思を侵害する態様で不安感を極度にあおって、信者になるよう長時間勧めたり、宗教的活動を強いて行わせることがないか。

「彼ら」は正体を隠して近づいてきます。初めのうちは、教義や献金や日常活動については何も話しません。ですから、あなたが「宗教なんかにひっかかるはずがない」と思っていても、気づかないうちに引きずり込まれていきます。相手は巧妙なプログラムを組んでいるのです。取り囲んで説得するとか、音楽や薬を使って興奮状態にさせるとか、いわゆるマインドコントロールも行いますから、安心できません。[5]

日本国憲法は「思想及び良心の自由は、これを侵してはならない」「信教の自由は、何人に対してもこれを保障する」と定めています。先祖代々、曹洞宗《そうとうしゅう》や浄土宗《じょうどしゅう》の家柄であっても、個人の意志でキリスト教を信じることはできます。夫が創価学会員でも、妻が立正佼成会に入ることは完全に自由です。しかし、その選択は憲法や法律の許されている範囲内で、自由や人権が保障されている条件の下で行われなければいけません。自分の子どもであっても、オウム真理教のように児童に公教育を受けさせないで、自分たちの施設内に閉じこめて「麻原彰晃は神である」などと教え込むことは、学校教育法や児童福祉法に違反しています。大人の場合でも「入会しなければ祟《たた》りがあるぞ」といった脅しがあれば、恐喝罪《きょうかつ》として刑法に触れる可能性があります。たとえ法律を犯していなくても、人権尊重の面から、強引すぎる勧誘は批判されていいでしょう。(6)

キリスト教の一派に、都心の盛り場で「神の国は近づいた」などとスピーカーで呼びかけるグループがいます。騒音を撒き散らして、何と自分勝手な、と腹立たしくなります。本当の神さまはもっと静かな世界におられるはずで、彼らの神の国には絶対に行きたくなくなります。緑豊かな丘の上に巨大な観音像を建てたり、住宅街の夜空にネオンサインの十字架を掲げたり、他人の心の平穏を考えない宗教家は多いものです。異なる信仰を持つ人たちがどんな思いで見ているか、考えたことがあるのでしょうか。

一般に、宣伝熱心だなあ、と感じる宗派は警戒すべきです。いやに情熱的な説教をする牧師や僧侶もいますが、狂信的な感じがして敬遠したくなります。私はむしろ、自信がなさそうで、いつも自らを疑い、不信仰を告白するような宗教者にひかれます。

私はこれまで、新聞記者として多くの宗教家や宗教団体を取材してきましたが、結局のところ、まったく新しい教えには出会わなかった気がします。たとえば、占いや呪術《じゅじゅつ》については、二千五百年も昔にお釈迦さまがとっくに否定しています。その後のイエスとか道元《どうげん》とか、あるいは近代の宗教家、神学者、哲学者によっても批判されてきました。儀式とか用語とか布教方法とか、うわべは新しく見えても、宗教思想や哲学という点では特に新しい教えはなかったように思いました。

最近は「科学」とか「セミナー」を名乗る擬似宗教団体もふえていますが、新しい装置や仕掛けを使っているだけで、中身は禅やヨガを応用したものが多いようです。ですから、いまさら大発見のように「病気が治った」「人間が変わる」などと宣伝しているのは、まず怪しいと思ってまちがいありません。「新しい神を見つけた」などといいふらすのは、狂気でなければ、山師か、ペテン師だと見ていいでしょう。

見分け方

大きな書店には「精神世界」などという一角があって、たとえば『霊界への入場券』といった本がいろいろ並んでいます。たまに立ち読みしてみますが、怪しいものが大部分です。ひとつの見分け方としては、まず著者の経歴を見ることでしょう。

しっかりした本なら、著者の出身校や職歴や著作が掲げてあります。このほど読んだチベット・カイラス山巡礼の記録である『転生回廊』（北日本新聞社、二〇〇四年）の後ろには、執筆した青木新門《しんもん》さんの紹介が「一九三七年、富山県生まれ。早稲田大学中退。冠婚葬祭会社に入社し、専務取締役を経て監査役。日本文芸家協会会員。著書に『納棺夫日記』……」などと詳しく載っていました。

序文やあとがきに「中村元《はじめ》先生にお教えいただいた」などと恩師の名前を記す方も少なくありません。古代の書物である『新約聖書』でさえ、イエスは洗礼者ヨハネのもとで洗礼を受けた、と書いています。親鸞は、法然《ほうねん》の弟子であることを繰り返し語っています。また、本文や注でも「家永三郎著『日本思想史に於ける否定の論理の発達』参照」とか、「上田賢治著『神道神学』によれば」とか、出典や参考文献を明らかにしています。源信《げんしん》の『往生要集《おうじょうようしゅう》』や親鸞の『教行信証《きょうぎょうしんしょう》』などは、先学たちの言葉をこまめに引用し、自分勝手な独断でないことを明らかにしています。

怪しい本の多くは、そういうことを載せていません。その代わりに、インドやチベットで修行をしていて天の声が聞こえた、などと書いています。そういう幻覚体験はあったのかもしれませんが、それを大いばりする中身であれば、敬遠したほうがいいでしょう。本当の宗教者ならば「関根正雄先生にお教えいただきましたが、まだまだ未熟な者でございます」などとへりくだるものです。

相手が一人で勧誘してくるかどうか、という見分け方もあります。たとえば、自宅に回ってくるキリスト教を名乗る団体などは、必ず、二人以上で勧誘にきます。一人では相手に言い負かされる心配があるからでしょうが、もう一つ、互いに監視させるためのような気がします。一人だけで回っていては、玄関先で「輸血を拒否するのはおかしいではないか」などと逆襲され、つい「そうそう、私もあれはおかしいと思ってるんですよ」などと答える信徒も出てきかねません。しかし、二人以上で回らせれば、口を封じることができます。組織内で教団や教義への疑問が広がることを防ぐ効果もあるわけです。

宗教担当の記者だったころ、学生時代の友人に「おい、宗教の見分け方を教えろ」などとよく聞かれました。難しい質問ですが、一つの判断基準として、その組織に言論の自由があるか、民主主義のルールがあるか、ということを挙げておきました。個人の意見や疑問を組織の中で自由に出せるかどうかは、会社であれ、学校であれ、宗教団体であれ、健全さの大事な尺度です。

古めかしく見える伝統仏教の各派、浄土真宗、曹洞宗、浄土宗、日蓮《にちれん》宗などには宗議会という機関があって、定期的に討論が行われています。執行部を批判したり、会計報告を求めたり、なかなか激しい論戦もあります。信徒はもちろん、新聞記者もその模様を傍聴することができます。議員選挙では金も飛び交うそうで、泥仕合はしばしばですが、不透明な組織運営よりはましな気がします。(7)

キリスト教界でも、まっとうなプロテスタント教会は定期的に総会を開いています。選挙で役員を選び、会計報告をします。カトリックはローマ教皇の独裁に見えますが、その就任は二百人近い枢機《すうき》卿《きょう》たちの選挙によって決まります。浄土真宗の本願寺《ほんがんじ》派と大谷《おおたに》派には世襲のトップがいますが、現在では権力を持たない象徴的存在であり、実際は選挙で選ばれた執行部が宗政を運営しています。

この世で生きている人物を「生き仏」のように崇《あが》めるとか、絶対君主のようなトップが君臨しているとか、意思決定の過程がはっきりしない、といったことは、宗教団体としていかがなものか、と思うのです。そもそも個人崇拝や独裁ということは、国家であれ、会社であれ、政党であれ、望ましくありません。とくに宗教の基本は世俗の欲望を超えることなのですから、皇帝とか国王のような世俗的な権力者が存在することはありえないはずです。禅宗では師弟関係を大切にしますが、これも行き過ぎると、権威主義に陥りますし、保守化して宗風《しゅうふう》が停滞しかねません。

『歎異抄《たんにしょう》』(8)には「親鸞は弟子一人ももたずさふらふ」という言葉があります。神仏の前にあっては身分や師弟の上下などありえない、という戒めの言葉でしょう。昔から俗気たっぷりな宗教者は大勢いますが、本来は「無一物」が原則なのです。ブッダは皇太子の地位を捨てました。イエスは権威主義と闘いました。日蓮は体制を批判して弾圧されました。曹洞宗を開いた道元は鎌倉幕府の招きを断り、後輩には《学道の人は先《ま》づすべからく貧なるべし。財多ければ必ズそノ志を失ふ[9]》と教えました。世俗権力からは距離を置き、質素であれ、ということです。

みなさんの中には特定の教団に属している人もいるでしょうが、たまには、そういう目で自分の組織を見直してはどうでしょうか。おかしいと思ったら、批判の声を挙げてみませんか。それで居づらくなるようなら、さっさと退会を申し出ることです。そのときに温かく「いずれまた戻ってきてください」と見送ってくれないで、「教団を批判するような奴は地獄に堕ちるぞ」などといわれたら、まさしく怪しい組織と思っていいのです。

退会する

さて、不幸にして、あなたや家族が破壊的カルトに捕まってしまったとしたら、どうすべきでしょうか。先ほどもいいましたように、大学生にもなったなら、誘われていく途中でふと疑問が生まれるはずです。「やけに、親切だなあ」とか「こんなこと、非科学的ではないか」といったことです。そうしたときは、まず、しばらく彼らから離れてみることです。居留守を使うとかして、勇気をもって距離を置いてみてください。「あの人たちに悪いから」などと思うことはないのです。みなさんはふだん、セールスマンや客引きに対しては、「いま、忙しいから……」などと適当にあしらっているはずです。宗教らしき勧誘に対しても、そうした場合と同じように軽いうそをいってみることです。とりあえず「かぜ気味なので集まりに行けない」とでもいってみましょう。それでも熱心に、あるいは脅すように誘ってくる相手なら、それはまちがいなくどこかのカルトです[10]。

それでも、もし深みに入ってしまうと、どうなるでしょうか。きっと、金をしぼり取られます。「ぼくにはお金がないから、取られるものは何もない」などと安心していてはいけません。彼らは「金がないなら、サラ金から借りてきなさい」と勧めます。ローン自動加入機の前に連れて行かれ、すぐに何十万円も引き出すようにいわれます。もちろん、それはそっくり「献金」として召し上げられるでしょう。その金を返さないでおくと、父母のいる実家などに消費者金融の取り立て人がやってきます。金がなくても、借金という形でしぼり取られるわけです。そうした被害の実態を調べたルポルタージュもいろいろ出版されていますので、ぜひ参考にしてください[11]。

こうした被害を防ぐために、すべての学校や職場や公民館で、寺院や教会で、安全対策の講習会を開けないものでしょうか。難しいことではありません。弁護士やジャーナリスト、あるいは被害を受けた元信者を招いて話を聞くのです。それが難しければ、日本脱カルト協会[12]などが制作したカルト予防のためのビデオ「幻想のかなたに」（二十八分）や、「家族がカルトに入ったとき――救出へのヒント」（五十三分）を上映することです。いずれ、この授業でも鑑賞することにしましょう。それから、カルトの危険性を説いた漫画入りのビラ[13]も、友だちやご家族といっしょに読んでみてください。

私は、科学と両立しない宗教は本物でないと考えています。アダムとイブから人間の歴史が始まった、ダーウィンの進化論はまちがいだ、などと本気でいっている教派もありますが、そんな主張はかえって、宗教の本当の価値をおとしめています。生物学や考古学といった学問を否定することであり、いわば、ひいきの引き倒しです。また、死後の世界を見てきたように語るなど、不思議や不合理を強調する説教も信用できません。宗教のすばらしさは、これからの授業で説明していくように、そんな低次元なことではないのです。

理屈に合わないと思ったら、はっきり「私は信じることができません」と断りましょう。相手から「祟《たた》りがあるぞ」「あなたは地獄に行く」などといわれるかもしれませんが、「ああ、けっこうですよ」と言い返す勇気を持ちましょう。だれも地獄や極楽に行って帰ってきた人はいないし、科学的に証明された「祟り」などはないのですから。

ところで、開講早々ですが、宿題を出します。フランツ・カフカの小説『変身』を読んで、感想をまとめてください。岩波文庫や新潮文庫から出ています。

注

（1）『法華経』方便品第二（坂本幸男・岩本裕訳注、岩波文庫、一九六二年）。解説書として渡辺宝陽『われら仏の子――法華経』（中央公論新社、二〇〇〇年）もある。

（2）『親鸞和讃集』（名畑應順校注、岩波文庫、一九七六年）。解説書として坂東性純『親鸞和讃――信心をうたう』（NHK出版、一九九七年）がある。

（3）新共同訳『聖書』（日本聖書協会、一九八七年）。明治以来、多くの翻訳が出ているが、本書では、プロテスタントとカトリックで多く使われている「新共同訳」を使うことにする。
（4）日本弁護士連合会消費者問題対策委員会編『宗教トラブルの予防・救済の手引』（教育史料出版会、一九九九年）
（5）スティーブン・ハッサン『マインドコントロールの恐怖』（浅見定雄訳、一九九三年）参照。
（6）オウム真理教の分析としては島薗進『現代宗教の可能性――オウム真理教と暴力』（岩波書店、一九九七年）がある。
（7）たとえば、池田行信『真宗教団の思想と行動』（法藏館、増補新版、二〇〇二年）は参考になる。
（8）金子大栄校注『歎異抄』（岩波文庫、一九三一年）が入手しやすい。山崎龍明『歎異抄を生きる』（大法輪閣、二〇〇一年）など、多くの現代語訳や解説書がある。
（9）『正法眼蔵随聞記』（水野弥穂子訳、ちくま学芸文庫、一九九二年）
（10）山口広・滝本太郎・紀藤正樹『Ｑ＆Ａ　宗教トラブル一一〇番――しのびよるカルト』（民事法研究会、一九九九年）参照。
（11）柿田睦夫『現代こころ模様』（新日本新書、一九九五年）、同『自己啓発セミナー』（新日本新書、一九九九年）、米本和広『洗脳の楽園――ヤマギシ会という悲劇』（洋泉社、一九九七年）、同『カルトの子――心を盗まれた家族』（文芸春秋、二〇〇〇年）など。脱会者の証言としては、カナリヤの会『オウムをやめた私たち』（岩波書店、二〇〇〇年）、神保タミ子『脱会』（駿河台出版社、二〇〇一年）なども出ている。
（12）日本脱カルト協会の連絡先は、〒242・0021神奈川県大和市中央2の1の15、パークロード大和ビル2F、大和法律事務所内・滝本太郎気付。ファクス046・263・0375。

(13) 霊感商法被害救済担当弁護士連絡会の発行。連絡先は、〒163・8691東京都新宿区新宿郵便局私書箱231号、電話03・3358・6179。

第2週　祈る

祈り以前

「ヤマギシ会」という、全国各地で共同生活をしている農業団体があります。その寄宿舎では数年前まで、入所している子どもたちに朝食を食べさせていませんでした。私の勤めていた新聞社に「人権侵害ではないか」という訴えが届いたので、本部のある三重県津市を訪ね、実情に詳しい市会議員のSさんに様子を聞きました。インタビューの途中で、その革新政党の闘士がこうもらしたのです。

「ヤマギシ会は『われわれは何者にも祈っていないから、宗教団体ではない』といっている。そういうものですかね。そうなると、私なんか毎年の年賀状に『この一年のご多幸をお祈りします』なんて書いているから、宗教を持っていることになる。唯物論者《ゆいぶつろん》としては、もうやめるべきですかね」

私はとっさに「かまわないですよ。無神論の人に祈られて、先方は大いに喜ぶんじゃないですか」などと無責任にも答えました。しかし、あとになって私自身の年賀状が気になってきました。宗教担当記者であれば、さまざまな宗教を持つ方とおつきあいしています。仮に「ご健勝をお祈りします」と書いたとして、祈る対象はどんな神仏なのか。アラーの神か、八百万《やおよろず》の神々か、大日如来《だいにちにょらい》か、阿弥陀仏《あみだぶつ》か。あるいは、お寺に出す年賀状に「祈る」と書いていいものか……。といって、「ご多幸を願っています」では何となく落ち着きません。迷った末に「賀春」とだけ書いた年もありました。

みなさんの中には「俺は宗教なんて持っていないし、信じない。祈るなんて、弱虫のすることだ」と思っている方も多いでしょう。しかし、そんな人でも、年賀状では祈っているのではありませんか。いや、あれは習慣・儀礼だから、というかもしれません。そのとおりですが、少なくとも「祈りとは無縁」ともいえなくなります。

じつは、こうした「祈り以前の祈り」がけっこうあるのです。山登りで山頂に着くと、そこには神々や菩薩《ぼさつ》を祀《まつ》る小さな祠《ほこら》があって、私もポンポンと柏手《かしわで》を打ちます。神道《しんとう》の形式ですが、じつは「やったぞ」という、あいさつ代わりのようなものです。山の神さまには失礼かもしれませんが、信仰という意識はほとんどありません。下山口にも神社があって、そこで拝むときは「無事に戻れて、感謝、感謝」という気持ちになりますから、こちらはもう少し宗教的かもしれません。

世間には、赤ちゃんのお宮参りとか、七五三とか、結婚式などでの祈りがあります。宗教学では「通過儀礼《つうかぎれい》」といわれていて、人生の節目を通過するときに昔から行われてきた祈りのことです。地《じ》鎮祭《ちんさい》や進水式で安全や無事を祈る、という場合もあります。

毎年一月末になると、プロ野球のキャンプインに先だって、監督が選手一同と地元の有力神社に参拝する風景がテレビに映りますね。監督の多くは「チームの優勝、そして選手諸君にケガがないよう、お祈りしました」と話します。祈るよりも、某球団のように大金を積んで他球団から実績ある選手をかき集めるほうが確実な道でしょうが、それでも「ケガをしないように祈りました」といった話を聞くと、「その気持ち、わかるなあ」と思ってしまいます。

こちらが「社会的習俗だ」と考えていても、そう見られない場合もあります。やはり三重県津市での話です。市当局が一九六五年、市立体育館の着工にあたって神道式の地鎮祭を行いました。しかし、ある市会議員が「特定宗教に肩入れする行為であり、憲法二〇条、八九条に違反する」として、その費用の返還を求める裁判を起こしました。一審では合憲、二審では違憲と判断は分かれましたが、一九七七年に最高裁は「憲法の政経分離原則は国家が宗教と関わることを全く許さないのではなく、目的と効果に照らして限度を超えているかどうか、社会的通念に従って判断されるべきだ」と述べたうえで、「この場合は神道を広めることを目的としていないし、その効果も影響もない」として合憲の判決を出しました。

賛否両論の多かった判決で、最高裁はその後、愛媛県知事が靖国《やすくに》神社に対して玉串料《たまぐしりょう》を公費から支出した問題では、「公費支出は違憲」という判決を出しています。このような「祈り以前の祈り」も軽々しくは扱えないわけです。しかし、この問題は本書の趣旨から外れますのでこのくらいにとどめ、参考に「日本国憲法」の条文だけを掲げておきます。

・二〇条三項。国及びその機関は、宗教教育その他いかなる宗教的活動もしてはならない。

・八九条。公金その他の公の財産は、宗教上の組織若《も》しくは団体の使用、便益若しくは維持のため、又は公の支配に属しない慈善、教育若しくは博愛の事業に対し、これを支出し、又はその利用に供してはならない。

現世利益

以上の「祈り以前の祈り」を超えて、もっと真剣な祈りがあります。たとえば、お父さんやお母さんが重い病気になったとすれば、どうでしょうか。二十歳ともなると、そろそろ、ありえないことではありません。がんが進んで、次第に弱ってくる肉親の姿を見て、やはり「もう少し、長生きさせてください」と神仏に祈りたくなるはずです。結婚して子どもが生まれ、親になると、わが子が重い病気にかかる、ということもあります。私の母は五人の子どもを産みましたが、そのうち三人に先立たれました。戦争が続いていた時代で、まだ抗生物質の注射もありませんでした。子どもに次々に先立たれた母は、私たちの前では見せませんでしたが、何度も何かに祈ったはずです。

昭和二十年代、戦争に負けた日本では、戦闘や空襲で肉親に死なれた人たちが大勢いました。家を焼かれ、財産を失った人であふれていました。しかし、江戸時代から優遇されていた伝統仏教は、墓と寺こそ守ったものの、人々の心に希望を与える活動はあまりしなかったようです。米国の占領軍とともにやってきたキリスト教の宣教師は、各地で熱心に布教活動をしましたが、どこまで日本人の心をとらえたでしょうか。

そんな混乱の中で、「新宗教」と呼ばれる団体が急速に伸びました。創価学会、立正佼成会、霊友会《れいゆうかい》、真如苑《しんにょえん》、世界救世教などです。こうした宗教は「貧・病・争」を背景に広がったといわれています。貧乏、病気、そして争いです。困難な時代でしたから、たとえば、財産をめぐって親兄弟や親戚同士が争うことも多かったのでしょう。そうした悩みについて、新宗教の人たちは親身になって相談に乗りました。「うちの仏はんに祈れば、病気は治りまっせ」「何はともあれ、『南無妙法蓮華経《なむみょうほうれんげきょう》』と唱えれば、商売繁盛、まちがいなし」などと教えたのです。

こうしたことを「現世利益」と書き、「げんぜりやく」と読みます。あの世でではなく、いますぐ、この世で利益がある、という意味です。病気が治る、商売が繁盛する、株でもうかる、競馬にあたる、試験に合格する、といったことです。新宗教だけでなく、伝統宗教にもそうした神社や寺院は数多くあります。合格祈願や安産のお守りを売る神社、無病息災や交通安全を祈る寺院なども「現世利益」でしょう。フランス南西部の町、ルルドの教会にある泉から湧く水は万病に効くそうで、水筒に入れて持ち帰る信者が大勢います。

私の知りあいに、とても信心深い芸術家がおられます。仲睦まじく見えたご夫婦でしたが、急に離婚してしまいました。私が「神さまも効き目はなかったですね」と慰めると、その方はニヤリとして「いや、日ごろからお祈りしていたからこそ、トラブルも少なく、きれいに別れられたんだよ」と答えました。なるほど、何事も前向きに考えられることも信心があるからこそでしょう。

『旧約聖書』の「ヨブ記」は、神と悪魔のいたずら心から、信仰熱心で正しい人である主人公ヨブが、次々に不幸に見舞われる物語です。家族も財産も次々に奪われますが、それでもなお、ヨブは神を信じ抜きます。身内に病人を抱えていたとき、私は藁《わら》をもつかむ思いで「ヨブ記」を読んでみました。ヨブのように祈ってもみましたが、願いは聞き届けられません。信じるどころか、神がこんなに意地悪なら、イヌにでも食われてしまえ、と思ったものです。

入学試験を前にして、みなさんも初詣《はつもうで》などで合格祈願をしたのではありませんか。こうして合格しているのですから、祈りは通じたかもしれません。しかし、必ずしも第一志望でなくてこの学校に入った人もいるはずです。その場合は通じなかったことになります。

いったい、祈りはかなうものでしょうか。合格祈願についていえば、答えは簡単です。祈りは一定の割合でしかかないません。入学定員が決まっていますから、受験生すべてが合格するように祈れば、絶対に聞き届けられない受験生が出てきます。

京都に臨済宗《りんざいしゅう》の天竜寺を開いた夢窓国師疎石《むそうこくしそせき》（一二七五〜一三五一）の『夢中問答集《むちゅうもんどうしゅう》』(1)に、清水寺《きよみずでら》に通ってくる尼さんの話があります。熱心に祈っているので、そばにいた人が「何を祈っておられるのですか」と尋ねました。すると、尼君《あまぎみ》は「私はビワのタネが大嫌いなんです。だから、この季節には、いつも『タネがなくなるように』とお願いしています」と答えたそうです。この話を紹介した夢窓国師は《世間を見れば、仏神に参り経陀羅尼《きょうだらに》を読みて、身を祈る人も、よも無上道《むじょうどう》（仏道）のためにはあらじ。ただ世間の福寿《ふくじゅ》を保ち、災厄を逃れむためにこそと覚えたり、もしその分ならば、枇杷《びわ》の核《さね》（タネ）祈りける尼公をはかなしと思はむや》と戒めています。家内安全や無病息災を祈るだけなら、種なしビワを願う尼君の話を笑うことはできない、というわけです。

浄土宗を開いた法然《ほうねん》上人（一一三三〜一二一二）にも、《祈るに依《よ》りて病《やまい》も止《や》み、命も延《の》ぶる事あらば、誰かは一人としてやみ死ぬる人あらん》[2]という言葉があります。たしかに、祈ることで病気が治り、長生きできるのなら、この世には病人も死者も存在しないことになります。どんなに神仏に頼んでも、すがっても、この世とはいずれ別れの時がやってくるのです。それは一人ひとりが引き受けなくてはなりません。

宮本武蔵の場合

宗教とは、そうした現世利益を求めるだけのものでしょうか。吉川英治（一八九二〜一九六二）の小説『宮本武蔵《みやもとむさし》』[3]には、主人公が吉岡一門と決闘に向かう場面があります。相手は大勢の門弟を集めて、たった一人の武蔵を待ち受けています。絶体絶命の果たし合いに出かけていくのです。岩山をよじ登っていくと、石の鳥居がありました。「オ、……お社《やしろ》だ」と気づいた武蔵は、拝殿の前に駆けていってひざまずきます。そして社殿の鰐口《わにぐち》から下がっている綱に手をかけて必勝を祈ろうとしました。しかし、はっと手を引っ込めます。「いや、待て！」と手を離すのです。「いまさら神に恃《たの》もうとするとは情けない」と思いとどまります。本当の話というよりは、小説家の創作でしょうが、大変に有名な場面です。

なぜ祈らなかったのか。十分な鍛錬《たんれん》をしてきたからです。これ以上は学ぶことがない極限まで、稽《けい》古《こ》を積んできたのです。本物の宮本武蔵（一五八四?〜一六四五）が六十歳のときに書いた『五輪《ごりんの》書《しょ》』(4)には《千日の稽古を鍛《たん》とし、万日の稽古を錬《れん》とす》とあります。そうした鍛錬を続けてきたのですから、この期《ご》に及んで、苦しいときの神頼みでもあるまい、と思い返したのです。小説によれば、主人公はこう思ったそうです。《平生の鍛錬をここぞと思う間際に当たって、暗夜に光を見つけたように、欣《よろこば》しげに神頼みしようとしている。武蔵は神前に立ったまま、じっと慚愧《ざんき》の首を垂れて、悔し涙を流し、誤った、と悔いるのだった》

信仰を持っている人から見ると、いかにも尊大に見えるかもしれません。しかし、武蔵は神を全否定したのではありません。神社を立ち去る前に、剣豪は改めてそっと両手を合わせます。弱かった自分を反省したあとで、改めて一歩下がって、頭を垂れました。《彼は、神を信じる。しかし、「さむらいの道」には、たのむ神などというものはない。神をも超えた絶対の道だと思う。さむらいのいただく神とは、神を恃《たの》むことではなく、また人間を誇ることでもない。神はないともいえないが、恃むべきものではなく、さりとて自己という人間も、いとも弱い小さいあわれなもの》である、と描かれています。

もちろん、あくまで小説の世界です。しかし、実在の武蔵が死の七日前に書いた「独行道《どっこうどう》」(5)という二十一箇条の処世訓には、《神仏は貴《たっと》し、神仏をたのまず》という言葉があります。その精神を踏まえて書いたのでしょう。

「人事を尽くして天命を待つ」ということわざもあります。人としてやるべきことはやった、あとは天に任せて焦らない、ということです。孔子《こうし》（紀元前五五一～四七九）の『論語《ろんご》』（雍也・六）にも《子曰《しい》わく、民の義を務め、鬼神《きしん》を敬して之《こ》れを遠ざく。知と謂《い》う可《べ》し》という言葉があります。「人間の道理を大切にせよ。そして、人間以上の存在である鬼や神に対しては、尊敬は捧げるけれど、距離をおいた存在として扱いなさい。それが知者の資格である」[6]という意味です。――この授業でいま、居眠りをしていない人たちにだけ、こっそり教えますが、この「鬼神を敬して之れを遠ざく」という言葉を覚えておいてください。何となく、期末試験に出そうな予感がします。

平安時代の菅原道真《すがわらのみちざね》（八四五～九〇三）も《心だに誠の道にかなひなば　祈らずとても神や守らん》と詠《よ》んだと伝えられています。勉強にしろ、仕事にしろ、誠心誠意の努力をするならば、祈らなくても、神は守ってくださる、という意味です。といって、神の存在や祈りを否定したのではないでしょう。いまさら祈らなくても、神は見守ってくださる、という絶対の信頼があってこその歌です。道真は死後に「天神《てんじん》さま」として祀られて合格祈願の神として有名になりますが、当人は「努力さえしておけば、とくに祈らなくてもいいよ」といっていたのですから、皮肉なものです。

先ほど紹介した「ヨブ記」でも、次々と不幸に見舞われる主人公ヨブに、妻が「こんなに意地悪な神さまなら、呪って、死んだほうがましでしょう」と進言したことが書かれています。しかし、信心深い夫ヨブは《お前まで愚かなことを言うのか。わたしたちは、神から幸福をいただいたのだから、不幸もいただこうではないか》（二・九～一〇）と答えたそうです。なかなかいえないせりふですが、これも「人事を尽くして天命を待つ」に通じる姿勢です。

祈らない宗教もある

この授業の冒頭に紹介したように、農事組合法人のヤマギシ会はつねづね「私たちは何ものをも祈っていない。だから宗教団体ではない」といってきました。しかし、当事者がそうは主張しても、宗教学者たちは宗教の一種と見ています。というのは、世の中には「祈らない宗教」「祈る対象のない宗教」もあるからです。その代表格は仏教です。東京大学宗教学科の教授だった岸本英夫《きしもとひでお》（一九〇三〜一九六四）は『宗教学』(7)という本で《原始仏教や禅体系には、祈りはない。祈りの相手になる神が、存在しないからである》と書いています。つまり、仏教は本来、無神論なのです。母体になっているバラモン教にはたくさんの神々がおりましたが、ゴータマ・ブッダには、神に祈ったり、天を拝んだりする姿勢がありませんでした。もちろん、先生や年長者に対して尊敬の念を表す礼拝《らいはい》はしたでしょうが、超越的な存在を礼拝《れいはい》することはなかったろうと思います。

ただし、二千五百年も前に誕生した仏教ですから、形がいろいろ変わってきました。哲学的で難しい教えなので、大衆にわかりやすく説明するために、菩薩や如来といった人格的な存在を布教のために創作したのです。諸国へ伝わるうちに、チベットのボン教や日本の神道などと混じり合ってもいきます。弘法大師《こうぼうだいし》への信仰のように、聖者を拝む形態も盛んになりました。しかし、礼拝《らいはい》の対象はあくまで人間であり、キリスト教や神道のような超越的な神ではない、ということになっています。

原始仏教の姿をよくとどめているのは、唐の禅僧・臨済義玄《りんざいぎげん》（?〜八六六?）の流れでしょう。京都の妙心寺や天竜寺、鎌倉の建長寺や円覚寺に伝わっています。その語録である岩波文庫版の『臨済《りんざい》録《ろく》』[8]にはわかりやすい現代語訳がついていますので、ぜひ読んでみてください。その中にこういう一節があります。

《仏に逢うては仏を殺し、祖《そ》に逢うては祖を殺し、羅漢《らかん》に逢うては羅漢を殺し、父母に逢うては父母を殺し、親眷《しんけん》に逢うては親眷を殺して、始めて解脱《げだつ》を得、物と拘《かかわ》らず、透脱《とうだつ》自在なり》

一般には「殺仏殺祖《せつぶつせっそ》」として知られている言葉です。「仏に出会った」などと思ったならば、それは魔物だろうから、信じないで否定せよ。お釈迦さまでも達磨大師でも、これぞ生涯の先生だなどと思ったら、それも怪しいと思え。神々であれ、聖人であれ、親であれ、親類であれ、何かにこだわることはすべて執着《しゅうじゃく》であり、一歩まちがえると妄想になりかねない、という警告です。

というわけで、禅宗の本来は「祈らない」はずなのですが、日本の禅宗、曹洞宗では東京・巣鴨にある高岩寺《こうがんじ》（とげぬき地蔵）や愛知県豊川市の妙厳寺《みょうごんじ》（豊川稲荷《とよかわいなり》）をはじめ、多くの寺院で祈禱《きとう》が行われています。開祖の道元（一二〇〇〜一二五三）は否定的でしたが、その後しばらくして祈禱を取り入れました。本来の教えとはかなり違うけれど、庶民の願いを広く受け入れよう、と考えたのでしょうか。ほかの宗派でも、お金とともに申し込むと、家内安全、病気快癒、交通安全などの祈禱をしてくれる寺は各地にあります。

ただし、東西本願寺を中心とする浄土真宗には、現世利益を願う祈禱がありません。宗祖の親鸞が厳しく戒めたからです。神仏に自らの力で「祈る」ということは、まだまだ阿弥陀仏を本当に信頼していないことになるからです。日々の合掌《がっしょう》や念仏は勧めていますが、何かを頼んだりお願いしたりするためではなく、あくまでも救われていることへの感謝の表現という建前です。このことについては改めてお話ししますが、菅原道真の《心だに誠の道にかなひなば　祈らずとても神や守らん》にも通じる姿勢でしょう。

しかし、そうはいっても、苦しいときは神頼みをしたくなるものです。数年前に山梨県と静岡県の境にある日蓮宗の聖地・七面山《しちめんざん》の宿坊《しゅくぼう》に泊まったとき、私と同僚のK記者は千葉県から来た中年女性のグループと話し込みました。こたつにあたりながら「みなさんは日蓮宗ですね」と尋ねると、声を潜めて「いえね、私たち、じつは浄土真宗なんですよ」というのです。「えっ、なぜ、ここに」と聞くと、やや照れた様子で「私たちの真宗にはご祈禱がないんです。それはそれでけっこうなんですが、やはり少し寂しくてねえ。人生、お願いしたくなることもありますので」ということでした。この女性たちの気持ちもよく分かりましたが、また、宗祖の教えを厳しく守る真宗寺院の姿勢にも感じ入ったものです。

なお、先ほどの夢窓国師疎石は、種のないビワを願う尼君の祈りについて、完全に否定はしませんでした。そんなたわいのない祈りも宗教と出会う機縁にはなり得るとして、こういっていました。「そういう人には『清水《きよみず》にお参りしてビワのタネのことを祈りなさい』とわざと勧めるがよい。やめさせることはよろしくない」

みだりに祈らない

キリスト教では、祈りをどう考えているのでしょうか。『新約聖書』の「マタイによる福音書」六章で、イエスは「偽善者たちは、人に見てもらおうと、会堂や大通りの角に立って祈りたがる」と嘆いたうえで、こう諭しています。

《あなたが祈るときは、奥まった部屋に入って戸を閉め、隠れたところにおられるあなたの父に祈りなさい。そうすれば、隠れたことを見ておられるあなたの父が報いてくださる。また、あなたがたが祈るときは、異邦人のようにくどくどと述べてはならない。異邦人は、言葉数が多ければ、聞き入れられると思い込んでいる。彼らのまねをしてはならない。あなたがたの父は、願う前から、あなたがたに必要なものをご存じなのだ》（六・六〜八）

当時のユダヤ教徒の祈りが形式的になっていることを批判して、イエスは「偽善」と言い切りました。密かに祈るべきであって大げさに祈る必要はない、そんなことをしなくても神さまはちゃんと分かっている、というのです。これも宮本武蔵の《神仏は貴し、神仏をたのまず》などと似ています。といって、祈りをまったく否定したのではありません。先の言葉に続けて、弟子たちには次のような「主の祈り」を教えました。「現世利益」とはほど遠い、至極あっさりした内容です。

《天におられるわたしたちの父よ、御名《みな》が崇《あが》められますように。御国《みくに》が来ますように。御心《みこころ》が行われますように、天におけるように地の上にも。わたしたちに必要な糧《かて》を今日与えてください。わたしたちの負《お》い目を赦《ゆる》してくださ い、わたしたちも自分に負い目のある人を赦しましたように。わたしたちを誘惑に遭《あ》わせず、悪い者から救ってください》(六・九〜一三)

ところで、六十歳を過ぎた私は、あまり祈らなくなっています。もう祈っても仕方がない、という思いです。今後も試練は多々あって、何かに頼りたくもなるでしょうが、なるべく、宮本武蔵のように思いとどまりたく思います。といって、宗教を否定しているのではありません。秋日和《あきびより》の下で高原などを歩いていて、急に、すがすがしく、はればれとした気分になることもあります。思わず知らずに感動しているのです。ああ、ありがたいなあ、とも思います。何か温かいものに包まれている感じです。

そんなとき、私はプロテスタントの詩人・八木重吉《やぎじゅうきち》(一八九八〜一九二七)が書いた「素朴な琴(9)」を思い出すのです。

この明るさのなかへ
ひとつの素朴な琴をおけば
秋の美しさに耐えかねて
琴はしずかに鳴りいだすだろう

この「耐えかねて」という気分は、「祈る」や「拝む」とは別ものだと思います。何といっても、ここには祈る対象がありません。大いなる「明るさ」に包まれてはいても、外にある何かに向かって願ったり求めたりはしていません。ですから、もしも「拝む」とか「頼る」とかが宗教の必須要件なら、私は無宗教の人間になります。しかし、神か、阿弥陀仏か、法《ダルマ》か、無限か、天か、大自然か、いまさら特定する必要もないと思いますが、ともかく私を包む何かに感動しているならば、宗教的な人間ということになります。

こうした「祈る」や「拝む」が宗教の必須要件ではないとする宗教観は、仏教、とくに禅宗や浄土真宗などにあるのです。キリスト教でも、中世の神秘主義やクエーカー教徒には流れています。[10] イスラームにも、スーフィズムという神秘主義があるようです。[11]

ここのところが、宗教を本当に理解するうえで、まず肝心なところです。でも、もう終わりのベルが鳴ってしまいました。この続きは、今後の授業でお話しすることにしましょう。本日の話をまとめておくと、宗教は「たのむ」「寄りかかる」だけではありません。むしろ、人事を尽くして天命を待つ、大いなるものに任せる、という姿勢が大切なのです。いわば「祈らぬ祈り」もある、ということを覚えておいてください。

注

(1) 夢窓国師『夢中問答集』(川瀬一馬校注・訳、講談社学術文庫、二〇〇〇年)

（2）「浄土宗略抄」（石井教道編『昭和新修　法然上人全集』所収、平楽寺書店、一九五五年）
（3）吉川英治『宮本武蔵』第四巻（講談社、吉川英治歴史時代文庫、一九八九年）
（4）宮本武蔵『五輪書』（鎌田茂雄訳注、講談社学術文庫、一九八六年）
（5）前掲『五輪書』所収。
（6）吉川幸次郎『論語』（朝日新聞社、一九六五年）
（7）岸本英夫『宗教学』（大明堂、一九六一年）
（8）臨済『臨済録』（入矢義高訳注、岩波文庫、一九八九年）
（9）八木重吉「素朴な琴」（『定本・八木重吉詩集』所収、彌生書房、一九五八年）
（10）中世神秘主義の祈りについては、上田閑照『エックハルト』（講談社学術文庫、一九九八年）に収められているエックハルトの論述「離脱について」が参考になる。クエーカー信仰については、トマス・ケリー『内なる光――信仰の遺言』（小泉一郎・小泉文子訳、教文館、一九九九年）参照。
（11）井筒俊彦『イスラーム文化――その根底にあるもの』（岩波文庫、一九九一年）、R・A・ニコルソン『イスラムの神秘主義――スーフィズム入門』（中村廣治郎訳、平凡社ライブラリー、一九九六年）参照。

第3週　迷う

ユタに会う

「ユタ」という職業を知っていますか。沖縄本島を中心に、屋久島、宮古島、石垣島などの南西諸島に多い拝み屋さんのことです。ほとんどは女性ですが、たまに男ユタもいるそうです。頼まれると、祈ったり、占ったり、口寄《くちよ》せをしたりします。「口寄せ」というのは、シャーマンが死者などの霊を招き、その言葉を依頼者に伝えることです。

数年前の春、那覇市にある久米至聖廟《くめしせいびょう》の中庭で、香を焚《た》いて拝んでいるユタのC子さんに出会いました。依頼された中年女性のために、これから一年の幸せを祈ってあげている、とのことでした。

その晩、五十歳前後のC子さんと喫茶店で話し込みました。沖縄本島に近い久高島《くだかじま》で育った普通の少女でしたが、大阪へ働きに出ていて心を病んだそうです。都会の生活になじめなかったのでしょう。結局、ふるさとの島に帰って、終日、家に引きこもるようになります。つらい毎日でしたが、そのうちに評判の高いユタを紹介されて話を聞いてもらいました。次第に心が軽くなり、その先生の手伝いを始めます。そして「あなたもユタになっては」と勧められ、仲間入りしたそうです。その後、沖縄本島に移り、私が会ったころは那覇市内のマンションで暮らしていました。

霊界がどう見えるのか、さりげなく尋ねてみました。本当に霊や魂と出会っているのか、という疑問からです。困った顔をしていましたが、ポツポツと「そうねえ、頼まれた人のために一所懸命祈っていると、どこからともなく、音楽が聞こえてくる。そして、その人の先祖に関係ある風景が浮かんでくる。ボーッとしていて、何ともいえないけどね。声も聞こえてきて、『自分は何代前の先祖だ。わが遺骨が粗末にされている』などと話しかけてくる」と答えてくれました。

私はじっくり時間をかけて食い下がりました。聞こえてくる音楽は、民謡か、クラシックか、ポップスか。蛇皮線《じゃびせん》か、ピアノか。声の主は、琉球語を話していたか、標準語だったか。見えてくる先祖の風景とは、戦争前の沖縄か、現代そのままの姿か……。新聞記者としては当然の質問なのですが、答えはいずれもはっきりしません。「そうねえ」「さあ」を繰り返し、結局はあいまいなままでした。といって、ごまかしたりウソをいったりしているのではなく、そういう理詰めの話には慣れていない、という印象です。意地悪な質問にも怒るふうでもなく、途中で「相場は一回で五千円だけど、あんたなら三千円くらいよ」とも教えてくれました。

C子さんは孤独と不安の中で心を病み、ユタに通い、自らもユタになりました。もともと傷つきやすくて心優しい女性なのでしょう。「仲間のユタを見ると、私のようなバツイチ、離婚などで人生に失敗したタイプが多いわね」とも話していました。

ユタ論争

沖縄の神社仏閣や洞窟を歩くと、ユタと並んで拝んでいる女性によく出会います。ユタに案内されて各地を回ると、タクシー料金を別にして謝礼は一日五万円ほどかかります。占いがあたらなかったり、病気が治らなかったりすると、また別のユタを頼みますから、かなりの出費になるでしょう。東北大学の研究班が一九八〇年に行った調査(1)では、沖縄の主婦の六割がユタに出向いた経験を持つそうです。動機は、死者が出たとき、運勢判断、病気やけが、家の新改築、結婚、位牌《いはい》継承、出産などです。昔から「男の女郎《じょろう》買いと女のユタ買いは治らない」といわれてきた土地柄なのです。

沖縄県内のユタは約千人ともいわれますが、実態は分かっていません。江戸時代の琉球王朝も、明治以降の沖縄県庁も、「妄言《もうげん》を流し、社会の秩序を乱す」としてユタを取り締まりました。為政者としては「お上よりもユタの言うことを先に聞くようでは、とかく威令《いれい》が行き届かない」ということもあったようです。戦後も、仏教やキリスト教の人たちは「淫祠邪教《いんしじゃきょう》である」として、知識人や学校の教師は「迷信をなくせ」として批判してきました。沖縄タイムスの紙面では一九八二年、賛否をめぐる「ユタ論争」が続きました。

しかし、現代でもユタが消える気配はまったくありません。土着の習俗を愛する人や民俗学者らは「貴重な沖縄文化であり、一定の役割は果たしている」と擁護してもいます。沖縄県具志川《ぐしかわ》市で病院を開いている高江《たかえ》洲《す》義英《よしひで》さんは、精神科医の立場からこう評価していました。

「沖縄の人々にとって、拝みは一種のカウンセリングなのです。上手なユタは依頼を受けると、まずじっと聞いている。薬も医学も知らないけれど、依頼者の孤独や不安に対してほぼ適切な応対をしていますよ。先祖の霊の話をしながら、じつは『あなた自身の中にいるカミを思い出しなさい』と教え諭《さと》しているように見える。実存哲学や精神医学から見てもあたっている面があります。相談に来た人たちは、ユタの言葉を聞いて、無意識の奥に潜む自分の古層に気づいて落ち着くのではありませんか」

ユタ自身が良い悪いというより、頼みに行く側の弱さに問題がある、ということでしょうか。沖縄県石垣市の浄土真宗本願寺派誓願寺《せいがんじ》が発行した文集には、ある女性門徒の《(ユタに会って)いやというほど自分を責め続けた。「私のせいだ、私のせいだ、ごめんなさい、ごめんなさい」と胸が裂けるくらいに責め続けた》という体験談が載っていました。那覇バプテスト教会の文集にも、ある女性信者が《昨夜の夢見が気になる、カラスが夕方に家のほうに向かって鳴いた、といってはユタのもとに走った。ユタはそのたびに「お先祖様の供養が不足している。どこそこの拝所、御嶽《ウタキ》、井戸を拝みなさい。怠ると取り返しがつかなくなる」と脅して、無駄な出費を強いた》と書いていました。[2]

もともと、沖縄の人たちは霊界や「マブイ」と呼ばれる魂の話が大好きなのです。住宅の屋根の上には「シーサー」というかわいらしい小怪獣が乗っています。T字路の突きあたりには「石敢当《いしがんとう》」という言葉を刻んだ石柱が置かれています。ともに悪魔を退散させるオマジナイです。

この程度ならたわいもない話ですが、墓に大金をかけるのはどうでしょうか。三百万円かかる家型の墓はごく普通で、亀甲墓《かめこうばか》なら一億円にもなります。小さな墓石だけの本土の墓と違ってかなり大きいので、島中の緑地が墓になってしまう心配も出ています。「沖縄は基地の島といわれるが、じつは墓地の島でもある」という嘆きを聞いたこともあります。こうした風習が消えないのも、ユタに「墓を粗末にするから祟りが起きる」といわれるためらしいのです。

ユタのように霊を呼び寄せる「口寄せ」では、青森県・下北半島のイタコも知られています。火山性の噴煙が昇る、荒涼とした地獄を思わせる感じの恐山《おそれざん》が舞台です。円通寺という曹洞宗の大きな寺院が建っていて、私が訪ねた秋には、その門前で十人ほどのイタコが小さなテント掛けの露店を並べていました。近づいてみると、肉親を亡くした中年女性たちが、イタコの語る「故人の声」に聞き入って涙を流しています。少し離れて、そのうちの一人の夫と思われる男性が立っていて、やさしそうに、あるいは少々あきれ顔でその様子を眺めていました。

迷いの宗教

近年、ユタやイタコに代表される非科学的なものを肯定的にとらえることが流行しています。呪術や魔術や非合理的なものを再登場させ、現代社会の科学万能主義を超えようとする傾向です。たしかに、魔女や幽霊や妖怪があってこそ、シェイクスピアの『マクベス』(3)や、上田秋成《うえだあきなり》の『雨月物語《うげつものがたり》』(4)、ラフカディオ・ハーンの『怪談』(5)といった作品は豊かになったといえます。合理性一辺倒では夢も希望もなく、味気ない、といえるかもしれません。

しかし、いまさら魔法を持ち出して、現代の行き詰まりが克服できる、と本気で思っているのでしょうか。そうした根拠のない話がもとになって、人生を左右された悲劇はしばしばありました。「あそこの家はキツネがついている」といった迷信のために結婚や就職が断られる差別が、現代でも起こっているのです[6]。

一九九九年七月には、世界中で「世界の終わりがやってくる」というハルマゲドン騒ぎがありました。十六世紀の神学者ノストラダムスが「恐怖の大王が天から現れる」と記した日付が、この年の「七の月」だったからです。あまりに騒がしいので、私が担当していた朝日新聞の「こころ」のページでは読者から意見を募りました。八月三日付夕刊の紙面にはこんな意見が載っています。

「予言信じ家と土地を売却」

私の母は「一九七五年にハルマゲドンが来る」という予言を信じ、家と土地を売った。入信していた宗教団体の勧めに従ったのだ。七五年が過ぎると、教団は次々と予言を変えた。そして、九九年の現在においても、ハルマゲドンは間近に迫っていると教えている。それによってすべての悪が滅ぼされ、世界の諸問題が解決されるという。

この種の予言は一見、信じる者に救いをもたらすように見えるが、じつは脅しである。その教団に入信しない者は皆滅びる。滅ぼされたくないなら教団の言う通りにしなさい、という。これを脅迫として用いる教団の信者数は増加の一途をたどり、信者自らもまた、その脅迫行為に伝道という形で加担する。このような自虐的でもあり、加虐的でもある精神構造が最近のブームの源になっているように思えてならない。

（東京都杉並区・主婦・三十八歳）

仏教では、こうしたことを「迷い」といっています。「悟り」の反対であって、「今日の昼飯は、激辛カレーにするか、牛丼にするか」といった相対的な迷いではありません。絶対的真実への道を見失い、虚妄との見分けがつかないでいる状態のことを指します。

世の迷いを否定したゴータマ・ブッダは「来世はあるか、霊魂はあるか」といった質問に、沈黙して答えませんでした。「無記《むき》」と言われています。いくら考えても分からないことをあれこれ語るべきではない、と思ったのでしょう。そして《わが徒は、アタルヴァ・ヴェーダの呪法と夢占いと相の占いと星占いとを行ってはならない。鳥獣の声を占ったり、懐妊術《かいにんじゅつ》や医術を行ったりしてはならぬ(7)》という言葉も残しています。「アタルヴァ・ヴェーダ」は古代インドで行われていた呪術のことで、「万病を癒すための呪文」「敵の栄光を奪い取るための呪文」から「性欲を増進させるための呪文」「男子の愛を得るための呪文」「賭博《とばく》の勝利を得るための呪文」まで、ちょっと愉快な呪文もたくさん含まれています(8)。

開祖のブッダはそうした根拠のない話を認めなかったはずですが、仏教は諸国に伝わるうちに少しずつ変わってきます。中国では道教などと、日本でも神道や民間信仰と習合し、呪術的な要素も強くなりました。中には妖怪変化《ようかいへんげ》に取り憑《つ》かれたような宗派も現れ、今日まで続いてもいるようです。教えをわかりやすく説明するための「方便《ほうべん》」ということもありえますから、一概にすべてを否定はできませんが、いつまでも科学を否定するような寺院や宗派はいずれ見放されるでしょう。

迷いはもうかる

腹立たしいことに、人間の弱さから生まれる「迷い」を商売や政治に利用する人たちが跡を絶ちません。たとえば、日本のカレンダーにはよく、先勝《せんしょう》、友引《ともびき》、先負《せんぷ》、仏滅《ぶつめつ》、大安《たいあん》、赤口《しゃっく》という「六曜《ろくよう》」が載っています。結婚式は「大安」が良い、葬式は「友引」を避けよ、などといわれます。もちろん、科学的には根拠のない話です。(9)「仏滅」という言葉もありますが、これも仏教とは何の関係もありません。それなのに、二〇〇〇年秋に調べたところ、浄土真宗と臨済宗を除いて、曹洞宗、浄土宗、日蓮宗、天台宗、真言宗などが、六曜を載せた「宝暦《ほうれき》」を系列出版社などから発行していました。一部の暦は、わざわざ「これは宗門の教えと関係のない迷信です」という断り書きを載せたうえで売られていました。迷信ならば売らなければいいのに、とも思うのですが……。

神社では「おみくじ」を売っています。私が訪ねた九州南部の大きな神社には「風水占い《ふうすいうらない》」という看板が出ていました。風水というのは、中国や東アジアの人たちが方角を占う風習ですから、日本古来の神々との関係はどうなっているのか、と思ったものです。神道界にも占いには多くの意見があって、沖縄・普天間宮《ふてんまぐう》の新垣義夫宮司は「神社神道は祈るだけであり、予言はしないものです。そこがユタとの違いです」といっていました。国学院大学元学長の上田賢治さんは「私もおつきあいで買いますよ。でも、開けないことにしてるんです」といって、定期入れから未開封のおみくじを見せてくれました。神々の定めた運命は敬意を払って受け入れるけれど、一喜一憂はしない、というのでしょう。先に紹介した宮本武蔵の《神仏は貴《たっと》し、神仏をたのまず》に通じる姿勢です。

民放テレビ局は、オカルト番組や占いコーナーを毎日のように組んでいます。ある局では「心霊写真」なるものを集めて、スタジオのサクラたちに「キャー」と叫ばせていました。そんなものは、裏にトリックがあるに決まっています。プロ野球中継で、登場選手の打率などとともに血液型と誕生日の星座を紹介する画面を流しているテレビ局もあります。血液型や星座と打率の関係を証明した学術研究はありませんから、これは一種の占いです。公共の電波を預かるマスコミとしては、何とも無責任で情けない話です。こうした傾向は日本だけではないようで、ローマで見たテレビでも、朝のニュースの中で天気予報に続いて「今日の星占い」を流していました。

日柄《ひがら》や方位の迷信については、ブッダだけでなく、多くの宗教者が嘆きの言葉を残しています。浄土真宗の開山・親鸞には、こんな和讃《わさん》があります。[10]

かなしきかなや道俗《どうぞく》の
良時吉日《りようじきちにち》えらばしめ
天神地祇《てんじんちぎ》をあがめつつ

卜占祭祀《ぼくせんさいし》つとめとす
（悲しいかな、いまの世の僧侶も俗人も、目先の欲望を満たすために日時の善悪吉凶を選び、現世の幸せを与えるとされる天の神、地の神をあがめ、占いや祀《まつ》りでもって幸福を得、災いを除こうと努めている＝真継伸彦訳(11)）

江戸時代末期に生まれた金光教《こんこうきょう》の開祖・川手文治郎（一八一四〜一八八三、別名を金光大神とも）もこう教えています。(12)

《いかなる所、いかなる時、いかなる方も、人間によきは、よき所、よき日、よき方なり》
《一か年三百六十五日についての日柄方角ということは、昔の人間がこしらえたもので、日柄方角を言うたばかりでは、あまり勝手過ぎるではないか。方位方角を行おうとすれば、毎日、時刻ある限り、磁石持ちづめ見づめにせねばならんが、してはおらん》

みなさんは「占いなど、本気で信じているんじゃない、遊び感覚だよ」というかもしれません。それならいいのですが、そうとも言い切れない人もいるのです。先日、首都圏のある駅前で、国政選挙に立候補したある政党の候補者のビラを受け取りました。「自民党政権に今の日本は託せない」という決意表明とともに「一九六×年生まれ、東京大学法学部卒、元××会社担当部長、血液型O」という自己紹介が載っていました。血液型で媚《こび》を売るような政治家に今の日本は託せない、という思いで破り捨てたくなりました。こんな人物であれば、重大な選択に迫られたとき、理性的な分析や話し合いでなく、怪しげな占いや陰陽師《おんみょうじ》に頼るかもしれません。

決定論

学生時代に「幽霊繁盛記」[13]という映画を見たことがあります。職人の八五郎（フランキー堺）が死《し》に神《がみ》（有島一郎）と仲良くなる、落語を題材にした喜劇です。終わりのほうで、八五郎が死神に案内されて地獄を訪ねる場面があります。ロウソクがたくさん並んでいて、その長短で人間の寿命が分かるのです。ふと見ると、知人の火が燃え尽きようとしています。死神がよそ見をしている間に、八五郎がさっと別人のロウソクと取り替えて笑わせるのですが、さて、寿命とはそんなふうにあらかじめ定まっているものでしょうか。

未来の出来事や人間の運命はもともと決まっている、とする考えを「決定論」といいます。将来を決める主体が神である場合もあるし、また自然科学や経済の法則を土台にして考えられる場合もあります。要するに、人生も歴史も決まっているという説です。たしかに、神が全知全能なら、ご自身で決めたことですから、地球や個人の将来についてはお見通しのはずです。ロウソクの長さで寿命が決まっているなら、さしずめ閻魔《えんま》大王による決定論といえるでしょう。一時は信じられていた「搾取《さくしゅ》され続けた労働者はついには立ち上がり、必ず社会主義社会が来る」という革命理論も、一種の決定論かもしれません。

ローマ帝国の皇帝アウグストゥスは若いころ、星占いによって「皇帝になる」と約束されていたそうです。しかし、後代の宗教改革者カルヴァン（一五〇九～一五六四）は「占星術への警告[14]」という論文で《もし天宮図または星の視座がアウグストゥスと同じ時に生まれたすべてのものにローマ帝国を与えたならば、彼にはきわめて僅《わず》かの部分しか残らなかったであろう》と書いていました。アウグストゥスと同じ日に生まれた人は世界各地に大勢いたはずだから、その人たちがすべて皇帝になったとしたら広大なローマ帝国も小さく分割されていただろう、という皮肉です。

現代で考えるなら、イチローや松井秀喜は「運命」によってプロ野球の選手になり、米国の大リーグで活躍したのでしょうか。それでは、日ごろの猛練習とか、日本を離れる決断、といった本人の努力や意志が無意味になってしまいます。

未来があらかじめ決まっているとなると、何をやっても同じだ、努力しても無駄だ、ということにもなります。一切の悪行にも責任がなくなるでしょう。殺しても助けても、怠けても努力しても、すべて神さまが決めたことになるからです。たしかに、大枠としての結論は決まっているといえます。上に投げた石はいずれ落ちてくる、息を吸えば必ず吐く、生あるものはいずれ死ぬ、という具合です。経済の法則に従えば、豊かな家に生まれ育った子どもは学習塾に行かしてもらえるので、貧しい家の子どもより成績がよくなるかもしれません。

しかし、必ずそうなるとは限りません。無数の例外があります。貧しい家からも、リンカーンや野口英世や樋口一葉のような立派な人物が出ています。同じ家庭に育ちながら、わがままな人間も、思いやりのある人間も育ってきます。私たちの行動がすべて、あらかじめ決まっているとは思えないのです。サラリーマンは定年まで勤める場合が多いでしょうが、あえて中途退社した友人が私の周辺に何人もいました。人間は明らかに自分の意志を持っていて、人生を選択することができるのです。生まれや与えられた環境は仕方ないとしても、それでも本人の意志や努力による自由はあるはずです。

ここにこうして立てたシャープペンシルを、右に倒すか、左に倒すか、それは私自身が決めることなのです。人間の未来は占いなどによって分かるはずもなく、それを覆《くつがえ》す力は私たちの側にある、と強く思いたいものです。ゴータマ・ブッダも《生まれによって〈バラモン〉になるのではない。行為によって〈バラモン〉なのである》(15)といって、運命よりも日々の行いを大切にせよ、と教えていました。

迷いや運命に対して本当に自由になるには、じつは深い宗教心を持つことなのですが、それは改めてお話ししましょう。とりあえずは、怪しいものをきっちり否定できる科学的教養を身につけることです。そして、不安に打ち克つ訓練も必要です。一切の周囲をあるがままに見据える力、孤独に耐える「胆力《たんりょく》」を鍛えるのです。禅寺などでの修行もありますが、そうでなくても練習することはできます。

登山随筆で有名な串田《くしだ》孫一《まごいち》さんという方がいます。私がお会いしたときは八十五歳でしたが、特に信仰があるわけではないのに死を恐れていない様子でした。その理由をあれこれ尋ねますと、結局、山登りをしていたことが生きる自信になっているのです。少年時代から一人で山を歩き回って野宿も重ねていましたから、暗闇の中で何か動く気配があっても「あれはシカかイタチであって、幽霊や妖怪ではない」と分かります。「一所懸命に歩いて、テントを張って食事をする。寝袋に潜り込むまで、余計なことを考える暇はありませんよ」と笑っていました。

　みなさんも、携帯電話の電源を切り、一日に一時間くらいは完全に沈黙して過ごす時間を持つようにしてはどうでしょう。女性が一人で山歩きをすることは危険ですが、たまには家族や友だちと別れ、山奥の温泉などに一人で旅をすることはお勧めします。

　ここまでお話ししてもなお、明日の運勢が気になる人がいるかもしれません。そういう人はぜひ、金子みすゞの「うらなひ」[16]という詩を読んでください。子どもたちが下駄《げた》や草履《ぞうり》を履《は》いていたころ、その履き物を空に蹴り上げて裏が出ると雨、表が出ると晴れになる、といわれていた時代の作品です。「表出るまで、何べんでも飛ばそ」という元気を学びながら、本日の授業を終わることにします。

夕やけ、
小やけ、
赤い草履《ぞんぞ》
飛ばそ。

赤い草履
裏だ、

も一度
飛ばそ。

表
出るまで、
何べんでも
飛ばそ。

夕やけ、
小やけ、
雲まで
飛ばそ。

注
（1）大橋英寿『沖縄シャーマニズムの社会心理学的研究』（弘文堂、一九九八年）
（2）友寄隆静『なぜユタを信じるか』（月刊沖縄社、一九八一年）がユタや主婦の証言を集めている。
（3）シェイクスピア『マクベス』（木下順二訳、岩波文庫、一九九七年）

（4）上田秋成『雨月物語・癇癖談』（浅野三平校注、『新潮日本古典集成』二十二巻、一九七九年）所収。
（5）ラフカディオ・ハーン『怪談』（平井呈一訳、岩波文庫、一九四〇年）
（6）部落解放運動の立場から、小森龍邦『業・宿業観と人間解放』（解放出版社、一九八四年）がある。
（7）中村元訳『ブッダのことば――スッタニパータ』（岩波文庫、一九八四年）。宮坂宥勝氏による新訳『ブッダの教え――スッタニパータ』（法藏館、二〇〇二年）も出ている。
（8）辻直四郎訳『アタルヴァ・ヴェーダ讃歌』（岩波文庫、一九七九年）
（9）岡田芳朗『暦ものがたり』（角川選書、一九八二年）
（10）「正像末和讃」（岩波文庫『親鸞和讃集』所収、一九七六年）
（11）『真継伸彦現代語訳・親鸞全集』第四巻（法藏館、一九八三年）所収。
（12）『金光教教典』（金光教本部教庁編、一九八三年）所収の「理解Ⅰ」より。
（13）佐伯孝三監督「幽霊繁盛記」（東京映画、一九六〇年）
（14）『カルヴァン小論文集』（波木居齊二編訳、岩波文庫、一九八二年）所収。
（15）前掲『ブッダのことば――スッタニパータ』
（16）金子みすゞ「うらなひ」（ＪＵＬＡ出版局『新装版　金子みすゞ全集・Ⅲ』所収、一九八四年）

第4週　堕ちる

大峰山で

修験道《しゅげんどう》の霊場、奈良県吉野の大峰山《おおみねさん》で毎年七月に「蓮華《れんげ》入峰《にゅうぶ》」という行事があります。七世紀末に役小角《えんのおずぬ》（役《えんの》行者《ぎょうじゃ》とも）という行者が活躍した山で、その遺徳をしのんで、ハスの花を山伏《やまぶし》たちが大峰山頂まで担ぎ上げるのです。一般の人も参加できるというので、私も知りあいの宗教学者らといっしょに参加しました。

二泊三日の「にわか山伏」になるため、夕方に吉野の宿坊に着きました。女人禁制《にょにんきんせい》の山ですから、五、六十代を中心にした男性ばかり、約百五十人が集まっていました。大広間に雑魚寝《ざこね》をして、翌日の午前二時に起こされました。金峯山寺《きんぷせんじ》の蔵王堂《ざおうどう》で登山の無事を祈ってから、長い列になって歩き始めます。まだ暗いうちに桜で有名な奥千本《おくせんぼん》をすぎ、明るくなってくると、みんなで「六根清浄、懺悔、懺悔」と声を掛け合います。先達《せんだつ》の山伏が勢いよく「ロッコン、ショウジョウ」と叫ぶと、私たちが

「サーンゲ、サンゲ」と応じるのです。途中にある社《やしろ》や祠《ほこら》で何度も立ち止まっては「般若心経《はんにゃしんぎょう》」を読み上げ、また「華厳経《けごんきょう》」にある「懺悔文《さんげもん》」を唱えました。

「がしゃくしょぞう、しょあくごー。かいゆうむし、とんじんちー。じゅうしんごい、ししょしょー。いっさいがこん、かいさんげー」

持参した金峯山寺発行の「勤行儀《ごんぎょうぎ》」(1)によれば、《我昔所造諸悪業、皆由無始貪瞋癡、従身語意之所生、一切我今皆懺悔》と書いて、「われ昔より造れるところの諸《もろもろ》の悪業は、みな、始まりもないころからの貪《むさぼ》り、瞋《いか》り、癡《おろか》さによる。身・語・意より生ずる所なり。一切、われ、いま、みな懺悔したてまつる」という意味だそうです。

さらに登ると、女人禁制の結界門《けっかいもん》があり、ここから大峰山の核心に入ります。昼も過ぎて、鐘掛岩《かねかけいわ》をよじ登りました。そしていよいよ、名物の「ノゾキ」になりました。百メートルくらいも切り立った岩壁から身を乗り出す修行です。太いロープを袈裟懸《けさが》けにし、専門の山伏が三人がかりで押し出してくれます。二人が足を押さえて、もう一人がロープを持っているのです。列の前の人たちの様子を見ていると、若い人なら山伏から「親孝行するか」と声をかけられます。そのときは半身を空中に押し出されていますから、みんな、「はい」とあわてて答えます。年配の人は「奥さん、大事にするか」などと聞かれているようでしたが、やはり「はい」と応じるしかないでしょう。

私も縄をかけられ、ああ、自分の番が来たなあと思ったら、スーッと押し出されて……とにかく何か言われたら、すぐ「はい」と答えようと思っていたので、急いで「はい、はい！」と答えると、すぐには引き上げてくれないで、もう一回グッと前に出され、それから引っ張り上げてくれました。いま振り返ってみても、何を聞かれたのか、覚えていないのです。とにかく「はい、はい！」といって、それっきりでした。

ノゾキを過ぎてさらに登ると、まもなく宿坊に着きます。ここに荷物を置いて、頂上近くの「裏行《うらぎょう》場《ば》」も体験しました。こちらは絶壁の岩壁をソロソロと横ばいになって回る修行です。中高年の登山はなるべく安全なコースを行くものですが、なぜ、わざわざ恐いことを何度もさせるのか、少し悪趣味だなと思いました。いっしょに登った日蓮宗の僧侶に聞いてみると、「日常の自分、娑婆《しゃば》での自我を壊すためじゃないですか」と教えてくれました。なるほど、「ノゾキ」の絶壁から身を押し出されたとき、「奥さん、大事にするか」と問われて、あれこれ考え込んでいる余裕はありません。「ええと、家事はやってくれますが、少し朝寝坊で……」などと面倒なことはいわないで、とにかくメンツを捨てて「はい、はい！」と答えるしかありません。その意味では、たしかに日ごろの生意気な自分が小さな存在であることを痛感できます。

そういうことをやって二泊三日で帰ってきたのです。これは一応、短いながらも修行ということになります。下山後の精進落《しょうじんお》としの席では「修了証」をいただきました。ただ、それで私が少しは成長したかというと、正直なところ、あまり深まらなかったように思います。岩壁から引き上げられ、ロープをはずせば、元《もと》の木阿弥《もくあみ》。一瞬の恐怖が過ぎ去っただけです。心地よい汗をかき、楽しい思い出にはなりましたが、下山してみて、どこまで我が身を「懺悔《さんげ》」できたのか、私の場合は心もとない限りでした。もちろん、本当の修行はこんなものでなく、千日も山野を巡る求道者もたまにはいるようですが、どんな成果があるのでしょうか。[2]

恐怖・心配・不安

「ノゾキ」体験で人間は変わるものでしょうか。もちろん、そんなに簡単なものではありません。こうした恐怖は、未知なものや危険に対する動物的な反応なのです。たとえば、ダンゴムシをチョンと突くと、クルクルと丸くなります。カメならば、首や手足を引っ込めます。防衛本能であって、あれこれ考えてのことではないのです。山登りをしていて、クマに出会うと、立ちすくんでしまいます。そのときはただ驚いていて、頭が正常に働いている状況ではないでしょう。逃げるか、しゃにむに抵抗するか、とっさに気絶したふりをするか、そんなことしかできません。

恐怖という感情には、何か「対象」があるのです。クマとか強盗とか絶壁とか、恐怖を招く原因があるわけです。ですから、クマが立ち去れば、恐怖は消えてしまいます。絶壁も通り過ぎれば、それだけのこと。これは、宗教への道筋とは少し違うのではないでしょうか。恐怖は一時的であって、そのときは大変であっても、のどもと過ぎれば熱さを忘れることになります。「助けてくれ」といった神頼みはするにしても、そこから深い宗教心が生まれるとは思えません。

似たような心理としては「心配」があります。恐怖の少しゆっくりしたものでしょう。人生、あれこれ、くよくよ、心配をしていくわけですが、それだけで宗教につながるわけではありません。絶壁からロープでぶら下げられて、ロープが切れるんじゃないか、落ちたら死ぬだろうなあ、などと心配しているだけでは、そこに止《とど》まってしまいます。

明治時代の仏教思想家・清沢満之《きよざわまんし》（一八六三〜一九〇三）は《将来ニ苦痛ヲ想像シテ（之ヲ杞憂《きゆう》ト云フ）恐怖スルハ妄念《もうねん》ナリ　煩悩《ぼんのう》ナリ　決シテ之ヲ為《な》ス勿《なか》レ[3]》と書いていました。結核を長くわずらって死期が迫っているときの文章ですが、そういうときに「死ぬときに苦しいんじゃないか、死後はどうなるか、などと恐がったり、心配したりするのは妄念だ、煩悩なんだ」といっているのです。

恐怖や心配をさらに考えていくと、「不安」という状態になります。似たような言葉ですが、こちらはぐんと宗教に近づいてきます。恐怖と不安はどこが違うのでしょう。前者には対象や原因があるのに対して、後者には対象がありません。不安とは、ただ漠然と心が安定していない状態です。特定の対象を持たないということは、向こう側に原因があるのではありません。むしろこちら側に問題がある感じです。

もちろん、恐怖と不安は密接に関係しているわけで、たとえば、強盗に刃物を突きつけられた瞬間は、恐怖で頭の中が真っ白になって何も考えられません。けれども、手足を縛られて床に転がされ、少し時間がたってくると、気分はたぶん不安へと移ってくるのです。絶壁からロープで吊されたときもたしかに恐怖は抱くのですが、そのまましばらくすると、きっと違う気持ちになってきます。このロープは丈夫だろうか、夜は寒くないかなあ、腹が減ったらどうしよう、トイレはどうしようか、などと変に落ち着いてくる。周囲を見渡せるようにもなるけれど、といって平穏でもない。こういう状態を不安というのです。

じつは、私たちは日々、この不安の中にいるわけです。生きていること自体が不安の状態なのです。いつ切れるか分からない「寿命」というロープにぶら下がっているからです。ふだんは気がつかないけれども、本来、そういう状態で生きているわけです。

脅しは有効か

古代社会で生まれた宗教には、大なり小なり、恐がらせる、脅かす、といった要素があります。科学的知識が十分でなく、宗教も呪術や魔術と紙一重でしたから、雷や地震や嵐といった自然現象は神の怒りとして恐がられました。運命に翻弄《ほんろう》される人間としては、ひたすら、畏《おそ》れ、ひれ伏しました。たとえば、古代ユダヤ民族の聖典である『旧約聖書』には《主は逆らう者を打ち砕き／天から彼らに雷鳴をとどろかされる》（「サムエル記・上」二・九）といった文章が随所に登場します。こうした表現の多さに、プロテスタント作家・椎名《しいな》麟三《りんぞう》（一九一一～一九七三）はこう反発していました。

《聖書の多くの場所に、右にかかげたような威嚇《いかく》が鳴りひびいている。僕は、臆病なくせに、また恐らく臆病だからでもあろうが、このように威嚇されると、何を、という気になるのである。そして僕が宗教一般に対して嫌悪を感ずるのは、めいめいの始祖が、腹だたしくもそれぞれの威嚇の発明者であるということである。そして僕は、何もこんな威嚇なら、神なんかをわずらわさなくても、人間で十分だと考える(4)》

イスラームの『コーラン』(5)にも《人間どもよ、汝《なんじ》らの主を懼《おそ》れよ。まこと、かの時に起る地震は恐ろしいもの》(二二・一)という言葉がありました。日本人は地震に慣れっこですが、中近東ではあまり起きないのでしょう。たまにあると大変、それはもう神が怒っているとしか思えなかったのです。

仏教にも、怖がらせる伝統はあります。たとえば、古代インドのバラモン教から引き継いでいる生命観です。「六道《ろくどう》を輪廻《りんね》する」などといって、死後は地獄・餓鬼《がき》・畜生《ちくしょう》・修羅《しゅら》・人・天の六つの世界をめぐることが人間の宿命とされていました。ゴータマ・ブッダは認めていなかったはずですが、のちの僧侶たちは布教の道具に使ったようです。愚かな民衆に宗教心を目覚めさせるには、怖い話をしたほうが手っ取り早い、とでも思ったのでしょうか。

日本の源信《げんしん》(九四二〜一〇一七)が書いた『往生要集《おうじょうようしゅう》』(6)には、地獄の話がたくさん出てきます。読んでみると、じつはなかなか哲学的な本なのですが、平安時代末期に競って読まれた理由は、何といっても冒頭にある地獄の描写だったようです。そのほか、各地の古いお寺には秘蔵の地獄絵があり、閻魔《えんま》大王に舌を抜かれる図などを善男善女に見せてきました。

キリスト教にも、中世イタリアのダンテ(一二六五〜一三二一)の書いた『神曲』(7)があります。天国の様子は《とこしへに春ならしむる日輪にむかひて讃美の香を放つ無窮の薔薇《ばら》の黄なるところ》などとうたわれていますが、さすがの詩人も平凡な美辞麗句《びじれいく》で終始しています。それに比べて、地獄の場面は生き生きとしており、たとえば《マホメットの斬りくだかれしさまをみよ、頤《おとがい》より額髪まで顔を斬られて嘆きつつ……》などと異教徒をいかにも憎々しげに、残酷に描いていました。

椎名麟三は先の随想で「何で宗教というのは、こんな恐い話ばかり好きなんだ。それに比べて、極楽《ごくらく》は何と情けないほどの描写なのか。金銀やダイヤモンドで飾り立てた極楽なんかよりも、中村屋のカレーライスでも食わせてもらったほうが、よっぽど天国らしい気持ちが味わえる」とも毒づいていました。「中村屋」とは東京・新宿で百年ほど前から続く老舗《しにせ》のレストランですが、天国の味とまでいえるかどうかは、意見の分かれるところでしょう。

ともあれ、雷も地震も科学的な仕組みは分かってしまいました。脅しで信仰心を育てることはもう無理ですし、かえって宗教の本当の価値を誤解させてしまいます。怪奇の要素を捨て去り、もっと知性の光のなかで考えていこう、と私は思っています。

挫折と失敗

おどろおどろしい地獄を描く絵画や文学は、それなりにおもしろいものです。しかし、そういった恐怖や脅しで人間の精神が深まることはありません。なぜなら、恐怖の対象がしょせんは自分の「外」にあるからです。鬼にしろ、雷にしろ、向こうからやってくる対象にひれ伏したとしても、それはそのときだけの従順です。いずれ忘れてしまいます。本当に目覚めるためには、向こう側にではなく、じっと自分自身と向き合うことが必要なのです。外よりも内に向かうことです。

そのきっかけとなるのは、まず自分自身の失敗や挫折《ざせつ》でしょう。人間は成長するにつれて、さまざまな屈辱や孤独を味わっていきます。野球の試合でエラーをする、壇上で絶句する、成績が下がる、仲間はずれになる、貧しさを味わう、試験に落ちる、失恋する、肉親を失う、配偶者に裏切られる、会社で左遷《させん》される、失業する。あるいは理由も分からないままに寂しい場合もあるでしょう。

　そうした危機を見つめることは、絶望に行き着くかもしれません。しかし、顔をそむけてはならないのです。大峰山の修行でいえば、岩壁からぶら下げられただけでは、一瞬の恐怖にとどまります。「すぐ引き上げてくれる」という見通しが前提になっているのでは、深い世界に至ることはできません。そうではなく、ぶら下げられたまま、そのうちに日が暮れ、だれからも忘れ去られる、という試練が必要なのです。未来がもうないことを受け入れなければなりません。そうなると、自暴自棄になって発作的に縄をほどきたくなるかもしれませんが、といって、死んだ先に何かがある保証もありません。「絶望」するとは、文字通り死後に極楽も天国も望めないことなのですから。

　世間で「絶望」と呼ばれているものにも、さまざまな形があります。たとえば、会社が業績不振になって、いきなり解雇されたとします。この場合は、まず抗議をし、怒るべきならば怒るべきです。簡単にあきらめないで闘ってみることです。公的機関や労働組合、あるいは近隣の人たちに応援してもらってもいいでしょう。相手とじっくり話し合い、相応の補償をさせ、気分を切り替えれば、新しい人生が待っているかもしれません。

　最愛の人が病気になって、ついには亡くなってしまうこともあります。悲しいことですが、懸命に看病をして、そのあげくのことですから、もう「神さまに任せよう」とでも考えるしかありません。人間は必ず死ぬ、という事実を受け入れることです。つらい日々ですが、取り残された自分に課せられた仕事をこなしていけば、きっと時間が癒してくれるでしょう。

そして、今度はいつか自分自身も不治の病に侵されることになります。そうと分かっても投げやりになってはいけません。少しでもこの世での責任を果たせるよう、まず良い病院と医者を選び、医学の力を利用することです。あわてて教会や寺院や神社で「治してください」と祈っても、たぶん、効き目はありません。「祈る」の章で紹介した宮本武蔵のように、「人事を尽くして天命を待つ」という姿勢でありたいものです。

以上のような事例は、突然、外からやってきた、いわば腹立たしい絶望です。自分には直接の責任がないのですから、神も仏もあるものか、と恨みたくもなります。それでもかまわないでしょう。少しくらい恨んだからといって、それで腹を立てるような度量の小さい神仏ではないはずです。

しかし、どう考えても神仏や他人や世間のせいにはできない、自分自身の責任としか思えない絶望があります。じつは、これが厄介《やっかい》なのです。「投資信託に手を出して損をした。もう死にたくなった」という絶望は、証券会社が資金の運用をまちがえた結果ですから、責任は向こうにあるように見えます。でも、そもそもは営業マンの甘言《かんげん》に乗って、ひともうけしようとした自分にも落ち度があるのです。自業自得《じごうじとく》ということです。

若者には、自分で選んだ就職先が自分に向いていなかった、といった失敗もあります。自分で事前に先方をよく調べなかったのですから、親兄弟や先生に責任を負わせることはできません。見極めがついたなら、すみやかに再出発することです。せっかくの数年をむだにしてしまい、新しい道をやり直すのですから、順調に歩んでいる友人には遅れをとるでしょう。しかし、無理な仕事にしがみついているよりは、心豊かな人生に出あえるかもしれません。「遅れる」などという見栄《みえ》はこの際、きっぱり捨てることです。

法然上人の場合は、万巻の書を読んでも、厳しい修行を重ねても、どうしても納得できない、という行き詰まりでした。比叡山《ひえいざん》では「智慧の法然坊」といわれた秀才でしたが、心は晴れません。悩みに悩んだ末に《いかでか悪業煩悩《あくごうぼんのう》のきづなをたたむや。悪業煩悩のきづなをたたずば、なんぞ生死繋《しょうじけい》縛《ばく》の身を解脱《げだつ》する事をえんや。かなしきかなかなしきかな、いかがせんいかがせん……(8)》と追い詰められました。「悲しいかな、悲しいかな」と苦しんだあげくに、中国浄土教の善導《ぜんどう》の著書に出あって浄土宗を開くまでになるのですが、途中には暗くて深い闇があったわけです。

学校でも会社でも順調だった人生なのに、親になってみて挫折することもあります。わが子が期待したようには育っていない、さらには、とんでもない過《あやま》ちを犯した、という親もいるでしょう。愚かな息子や娘を叱ることは簡単ですが、その無念は親である自分も引き受けなければなりません。あれほど大切に育てたのに、どこでまちがえたのか、と思わざるをえないでしょう。まったく不徳のいたすところ、としか言いようがありません。まあ、二十歳にもなった子どもについては本人の責任が第一であり、親がどこまで責めを負わなければならないか、という気もしますが……。

ここで思い出すのは、親鸞父子のことです。老いた父親が京都に引っ込んでしまったことを利用して、息子の善鸞《ぜんらん》は勝手な教義を説いていました。弟子たちの間で動揺が生まれ、八十四歳の父親はあえて親子の縁を切ってしまいます。親鸞の無念さはいかばかりだったでしょう。イエスや法然や道元といった、独身で通した祖師たちは味わったことのない試練かと思います。

そうなのです。教師にせよ、学者にせよ、宗教家にせよ、新聞記者にせよ、日ごろは偉そうなことをいっていても、身近な問題では理屈どおりにいかないものです。だからこそ、世の愚かな親たちは「あの親鸞聖人でさえ、子育てに失敗したのだから」と慰めと親しみを感じるわけです。

絶望の底から

私が担当していた「こころ」のページで、「カンニング」というテーマの投稿を募ったことがあります。八十四歳から中学生まで、七十通ほどの告白が届きました。たとえば、大阪府の三十二歳の女性会社員はこう書いていました。

「私の進路や人生観を変えた影」

小学生のときにカンニングの経験があります。先生に見つかり、しかられました。理由を問う教師に、とっさに「テストでいい点を取ると親が喜ぶから」と答えました。本当は、楽をしたかっただけなのです。カンニングをしたうえに、自分をかばうためにウソまでついたことが、恥ずかしくてなりませんでした。

その後、どんなに明るく振る舞っても、自分は悪い子なのだ、と心の底で思っていました。だれにも言えずに苦しみました。事件は私の影になって進路や人生観を左右してきました。大学で教職課程を取りましたが、教師にはなりませんでした。このような自分に子どもを指導する資格はない、と思ったからです。

（一九九八年十月六日付、朝日新聞東京本社版夕刊）

絶望の中でもっとも苦しいのは、悪を犯した自分を見つめるときではないでしょうか。たとえば、この女性のように軽い気持ちでカンニングをしたり、うそをついたりすることがあります。出来心から万引きもします。もっと大きな罪を承知のうえで犯した人もいるでしょう。犯罪とはいえないまでも、中途半端な気持ちから交際をして、異性をだましてしまった、という経験者もいるはずです。そんな過去を思い出すとき、この自分がたまらなくいやになります。ああ、もう何も語る資格はない、おれは人間のくずだ、と苦しみます。生きていることが恥ずかしく思われてきます。こうした過去を、屁理屈《へりくつ》をつけて他人のせいにすることはできません。消そうにも消せないどころか、時間がたつとともに次第に大きくなる痛みです。

大峰山に登りながら、私たち一行が唱和していた「懺悔《さんげ》文《もん》」もそうした思いから作られたのでしょう。先にも紹介したように「われ昔より造れるところの諸《もろもろ》の悪業は、みな、貪《むさぼ》り、瞋《いか》り、癡《おろか》さによる」という意味でした。この、過去に犯したまちがいを反省すること、つまり懺悔こそが、新しく生まれ変わる出発点です。京都大学の哲学教授だった田辺元《たなべはじめ》（一八八五〜一九六二）も「懺悔道としての哲学[9]」という論文で、ちょっと難しい言葉を使ってこう説明していました。

《自殺という消極的自己主張でなく、生も死もいずれも自己の意志で選択決断することの出来ぬ絶体絶命の自己放棄、絶対の自己否定、純粋の受動性において、かかる意味での絶対の死がかえって死につつ生き、生かされつつ生きる転換にほかならざることを信証する》

自殺などではなく、絶体絶命の危機を受け入れてこそ、かえって本当の生に向かうのだ、というのです。だれのせいでもない、私自身が犯した過ちなのだ、と認めることが大切です。ここから本当の宗教への道が始まるのですが、今日の授業はもう終わりになります。来週以降に改めて続けることにして、ここでまた、八木重吉の詩を二つ紹介しましょう。[10] まず詩集『秋の瞳』にある「草に　すわる」を読んでみます。

わたしのまちがいだった
わたしの　まちがいだった
こうして　草にすわれば　それがわかる

絶対の反省です。だれが何と慰めてくれようと、自分の責任としか思えない場合の絶望です。このとき、坐り込む以外に何ができるでしょうか。本当は身を引き裂いてもらいたいのです。消えてしまいたいのです。だから、もう立っている力もなく、道ばたの草の上に坐り込んでしまったようです。

……十分か二十分か、あるいはもっともっと長く、詩人はじっと坐っていたでしょう。そして、ふと、気がつくのです。心の中に小さな変化が訪れています。詩群『幼き歩み』には、題名のない、短い作品が載っていました。

このかなしみを
よし　とうべなうとき
そこにたちまちひかりがうまれる
ぜつぼうとすくいの
はかないまでのかすかなひとすじ

「うべなう」という言葉は「肯う」、つまり肯定するということです。簡単には逃げ出せない状況にあって、どうしようもない絶望をしかと受け止める。引き受ける。そうしてみると、心の奥底に何かが見えてきますよ、というのです。二つの詩をよくよく味わってください。

注

（１）金峯山修験本宗総本山金峯山寺発行（一九九八年）
（２）吉野から熊野まで、百八十キロを歩く奥駆け修行の記録がビデオ『大峯奥駆』（ＮＨＫエンタープライズ制作）として金峯山寺から発売されている。

（3）清沢満之「有限無限録」八〇（岩波書店『清沢満之全集』第二巻所収、二〇〇三年）
（4）椎名麟三「モラルについて」（中公文庫『私の聖書物語』所収、一九七三年）
（5）『コーラン』（井筒俊彦訳、岩波文庫、中巻、一九五七年）
（6）源信『往生要集』（石田瑞麿校注、岩波文庫、一九九二年）。入門書として、石上善應『往生要集――地獄のすがた・念仏の系譜』（NHK出版、一九九八年）がある。
（7）ダンテ『神曲』（山川丙三郎訳、岩波文庫、全三巻、一九五二年）
（8）法然「聖光上人伝説の詞」（『昭和新修　法然上人全集』所収、一九五五年）
（9）田辺元『懺悔道としての哲学・死の哲学』（燈影舎、二〇〇〇年）所収。
（10）ともに『定本・八木重吉詩集』（彌生書房、一九五八年）所収。

第5週　変わる

今日はまず、次の詩を大きな声で読んでみましょう。英国のロバート・ブラウニング（一八一二～一八八九）が書いた「春の朝(1)」という作品で、上田敏《うえだびん》という詩人が大正時代に編纂した訳詩集『海潮音《かいちょうおん》』で日本に紹介しました。

時は春、
日は朝《あした》、
朝は七時、
片岡《かたおか》に露みちて、
揚雲雀《あげひばり》なのりいで、

すべて世は事も無し。
神、そらに知ろしめす。
蝸牛《かたつむり》枝に這《は》ひ、

みなさんも今朝、さわやかなキャンパスを歩いてきて、こんな晴れ晴れとした気持ちだったかもしれません。私は、高校時代に習った清少納言の「枕草子」第一段にある《春はあけぼの、やうやうしろくなりゆく、山ぎは少しあかりて、紫だちたる雲の細くたなびきたる》という情景を思い出しました。

カフカを読む

しかし、フランツ・カフカ（一八八三〜一九二四）の代表作、第一週の講義で宿題にしていた小説『変身』の朝はまったく違っていました。ごく普通のサラリーマンである主人公が、虫けらになった場面から始まるのです。《ある朝、グレーゴル・ザムザがなにか気がかりな夢から目をさますと、自分が寝床の中で一匹の巨大な虫に変っているのを発見した。（中略）「これはいったいどうしたことだ」と彼は思った。夢ではない》(2)という書き出しです。読み始めて、だれもが「な、なんじゃ、これは」とびっくりするでしょう。A子さんはこんなふうに感じたそうです。

《グレーゴルは天罰を受けるような人間ではない。毎日、会社と家を機械のように往復し、上司に文句もいわずに働いている。しかも、私腹を肥やすためではなく、父親の借金返済のため、妹を音楽学校へ入れるための労働である。こんなに真面目で思いやりのある主人公なのだから、最後はハッピーエンドに違いないと思っていた。しかし、予想に反して、虫のまま死んでしまい、死体はあっさり片づけられてしまう》

提出していただいた作文の半分近くが、「なぜ、虫になってしまうのか、まったく理解できない」「変な話だ」と書いていました。でも、そこで投げ出さないで、もう少し考えてほしいのです。この小説がそれだけだったなら、「名作」と呼ばれて世界中で読まれてきたはずがありません。分からなくても、何かあるのではないか、自分の読み方が浅いのではないか、と考えてほしいのです。そうして挑戦してみると、次のように説明する学生が出てきます。

《これは現実の世界でも考えられることである。虫に変わらずとも、仮に私が交通事故などで身体に障害が残ってしまい、前日と同じ状況でなくなるという可能性もあるではないか。そうなれば周りの家族はどう私を見るだろう。みんな、厄介者扱いをして、あるいは死を願うかもしれない……》（B君）

《朝、目が覚めたら勤務先の会社が倒産し、失業者になっていたとする。ザムザが巨大な虫になっているのを見て周囲の人々は驚くが、これを失業者を抱えた家族の驚きとして読み替えることもできるのではないか。つまり非現実ではなく、現代社会のリアルな情景としてとらえることができる小説なのだ》（C子さん）

いずれも、すばらしい分析だと思います。とくに、C子さんの「朝、起きたら失業者になっていた」という解釈は、私のような中年をすぎた人間には身につまされます。リストラの時代ですから、みなさんのお父さんにだって、明日にも起こりうる話です。そうなったとき、哀れな虫けら同然となった父親を家族はうっとうしく思って、「粗大ごみ」などとして扱うのではありませんか。私自身が大いに教えられましたので、いずれも「A」の評価をつけておきました。

この作者がチェコのプラハに住むユダヤ人だったことを指摘した作文もありました。

《読み始めて、まず「なんで、このような好青年が、こんな酷《ひど》い目に遭うんだ、無慈悲だなあ」と感じました。しかし、著者がユダヤ人であり、共同社会から常に追放されていたことを知りました。主人公グレーゴルを虫という姿に変えることで、カフカ自身が感じてきた孤独を表現したのではないでしょうか》（D君）

《あまりにも衝撃的な話で驚いた。そして、高校時代の先生の「なぜ、私たちが虫を嫌うのか」という話を思い出した。その先生によると、嫌いなのは、虫のことを知らないからだそうだ。知る前に「気持ち悪い、怖い」と嫌ってしまうからだ。グレーゴルの家族だって、虫になった彼のことを知ろうとしただろうか》（E子さん）

《人間は外見だけで判断されるべきでなく、また身分や生まれによって差別されてはいけない、と感じました》（F君）

人身受け難し

以上の作文は虫けらをあくまで社会的視点から、外側から観察しています。他者としての問題であり、自分自身のことではありません。その一方で、この小説がたんに環境分析ではすまされない、不安な気分を含んでいることに気づいた作文もありました。G君はこう書き始めます。

《自分は虫であった。高校時代、学校に通ってはいたが、行かない日は部屋に引き籠《こ》もっていた。解放感はなかったが、煩わしさから解き放たれていた。部屋の中ではさまざまな空想、妄想にふけることもできた。祖父は自分を疎《うと》んだ。祖母は避けた。父に促されて母は話そうとしてきたが、話そうとした母ですら、なぜ引き籠もり始めたのかは聞いてこなかった。結果として、ますます外に出ることはなくなっていった。自分には、グレーゴルが虫に変身した理由は分からないが、彼の心境の一部は理解できると思っている》

このように、自分に引きつけて読んでみる姿勢も大切だと思います。自分自身が虫けらではないのか、と考えてみることです。次のH君は「この私は、どこから来たのか」と問い直しています。人類一般についての進化論とか、遺伝子とか、先祖代々の流れとか、科学的、歴史的に考えるのではなく、あくまでも「この私自身は、この世にどこから来たのか」という問いです。

《衝撃を受けた。朝、目が覚めると、主人公のグレーゴルが巨大な虫に変わってしまっているのに気づく。そこまではよいとしても、驚いたのは、本人がそのことを大して気にしていないこと、周りもとくに変わった様子でなかったことだ。作者はこのことを冷静な文章で、まるで何事もなく、普段どおりのように書いている。最後のほうで、グレーゴルが死んだ時も、家族は冷たすぎるくらい冷静だった。何だかとても怖いように感じて、正直、この手の本は苦手だな、と思った。

しかし、妙な気分にもさせられた。もしかしたら明日、目が覚めたら、私も虫になっているかもしれない、と。だが、奇蹟が起こったにもかかわらず、作者は日常茶飯事のようにそのことを書いている。それはもしかしたら、私がこう日常的に生活していること自体が奇蹟だからかもしれない。だから、特別に驚くことではない、ということで冷静なのかもしれない。奇蹟が起きることを願って生きている人はたくさんいるけれど、もしかしたら生きていること自体が奇蹟なのかもしれない、と思った》

そうなのです。「なぜ、虫になったか、理解できない」という感想文は多かったのですが、では、あなたはなぜ人間に生まれてきたのでしょう。私たちがなぜ虫でなく、人間に生まれたのか。確とした理由はないのです。気づいたとき、すでにこの世界の中にいたわけです。選択の余地もなく、ただ、この「世界のうち」に投げ出されている。これが、ドイツの哲学者マルティン・ハイデガー（一八八九〜一九七六）のいう「世界-内-存在」In-der-Welt-sein としての人間です。結局、私たちは生まれ落ちた世界を引き受けなければなりません。自分が虫であることに気づいても、他の人間とは種類が違う変わり者であると自覚したとしても、逃げるわけにはいきません。

仏教には、出家・在家を問わず、大切にしなければならない「三帰依文《さんきえもん》」という誓いがあります。

その冒頭は《人身《にんじん》受け難《がた》し、いますでに受く。仏法《ぶっぽう》聞き難し、いますでに聞く》という言葉で始まります。人間に生まれてくることは難しいけれど、いま、ここにこうして人間になっている、という感動の言葉です。その得難い機会を与えられたのだから、いまこそ、真理に目覚めるよう勉強しよう、という誓いですが、Ｈ君の作文を読んで、改めてこの言葉の重さを考えさせられました。

異次元の世界

私たちの目の前には、二つの世界があるのです。生前の世界と死後の世界ということではありません。日常と非日常、虚構と真実、世俗と超俗、喧騒と静寂の世界といったことです。たとえば、金子みすゞの「神輿《みこし》」(3)という詩を読んでみましょう。まず、秋祭りのうきうきとした様子から始まります。

赤い提灯《ちょうちん》まだ灯《ひ》がつかぬ、
秋のまつりの日ぐれがた。

遊びつかれてお家へ戻りや、
お父さんはお客さま、
お母さんはいそがしい。

ふっとさびしい日ぐれがた、
うらの通りを嵐のやうに、
神輿のゆくのをききました。

女の子は、にぎやかな、いわば日常の世界で遊んでいました。しかし、家に帰ってみると、いつもは「お帰り」と迎えてくれる父も母も、忙しいのか、返事がありません。家はがらんとした空間です。あれっ、この虚しさは何だろうか。暗い座敷でぼんやりしていると、暮れかけている玄関前を、浮かれ神輿が「ワッショイ」と通り過ぎていく……。

この明と暗の落差は、だれでも子どものときに味わったのではないでしょうか。成長するにつれて忘れていきますが、大人になってからもたまに味わうことがあります。たとえば、心配事があって早く家に帰りたいのに、友だちはにぎやかに笑い転げている。事実を打ち明けたって、この気持ちはわかってくれないだろう。といって、一人にもしてくれず、覚《さ》めた気分で世間話につきあっていた、といった経験はありませんか。ひそかに思っている相手がこちらの心に気がつかないで、無邪気に第三者と笑い転げている、といったときにも感じることです。群衆の中の孤独、とでもいうのでしょうか。自分が何か別の次元で生きている感じになるものです。

モーツァルトの音楽は、うきうきとした長調の世界から、前触れなしで悲しい短調の世界に入り込みます。そして短調から長調へ、自由自在に転調を繰り返します。ベートーヴェンは変奏曲づくりの名手ですが、モーツァルトは転調の天才なのです。あの二つの世界を生まれながらに知っていたのかもしれません。その後半生を描いた映画「アマデウス」[4]を見ても、日常は悪ふざけをして陽気なように見えて、ふっと寂しくて暗い世界に舞い戻る、複雑な人物だったようです。

スイスの神学者カール・バルト（一八八六〜一九六八）は『モーツァルト』[5]という本で《その中核で起こることがらは、むしろバランスの壮麗な破調、転換である。その転調の力に溢れて光が差し昇り、影は、消散するのではなくて、衰退し、歓喜が苦悩を凌駕《りょうが》してしかも抹殺せず、やはりいつも在る否《ナイン》よりも肯定《ヤー》の声が強く響くのである》と書いていました。

この「短調」の世界、非日常の世界では、「長調」の世界で通用している倫理や道徳が通じません。善悪や正邪といった価値基準を超えてしまうのです。ちなみに、日常の倫理の欺瞞性《ぎまんせい》については、ドイツの哲学者フリードリッヒ・ニーチェ（一八四四〜一九〇〇）が激烈な言葉で批判しています。[6]

フランスの作家アルベール・カミュ（一九一三〜一九六〇）も、『異邦人』[7]という、世俗の価値観を拒否する小説を書きました。主人公のムルソーという男は、養老院で暮らしていた母の死にも涙を流しません。悲嘆に暮れるべき服喪《ふくも》の日に女友だちと過ごし、偶然から殺人事件に巻き込まれます。裁判では世間の倫理を無視した態度をとり続け、死刑の判決を受けます。刑務所を訪ねてきた御用の司祭が神の赦《ゆる》しを求めるように勧めると、いらだった主人公は「私は自信を持っている。自分について、すべてについて、私の人生について、来《きた》るべき死について」と言い放ちます。異次元の世界に住んでいるのだから、古臭い宗教倫理を押しつけるな、というのでしょう。

ともあれ、一度でも虫けらや死刑囚になった人間は、元の人間に戻れないものです。ザムザが虫けらになったとき、肉親たちはどんな顔をしてこちらを見ていたでしょうか。みんなが顔を背《そむ》けたり、いじめたりしたではありませんか。その冷たさを知った以上、もう家族や友だちを前のように眺めることはできません。いったん異次元を体験した人には、この世が別世界に見えてきます。この日常世界の根底に、黒々とした虚無があることに気がつきます。自分が「異邦人」であることを思い知らされるでしょう。

ヒキガエルの場合

カフカの「変身」のような伝説や文学は世界各地にあるのです。一例として、岩手県出身の詩人・村上昭夫(一九二七〜一九六八)の「ひき蛙《がえる》(8)」という詩を読んでみましょう。

お母さん
もし私が醜怪なひき蛙だったなら
あなたならどうします
おお　恋人ならば
たちまち目をまわしてしまう

第 5 週

燃えるように見つめてくれた目を
恐怖とにくしみにかえて
千里も遠くに去ってしまう

もしもまた妻ならば
子を残して家に帰ってしまう
なぜかというと
その子も私と同じひき蛙なのだから

でもお母さん
あなたならどうします
私がひき蛙だったなら
ひき蛙よりも
もっとみにくいいきものだったなら
きらわれるまむしだったなら
つられたあんこうのぶざまだったなら
もしもあなたに

それらが私であることを告げたなら

『変身』の主人公は虫けらに変わりましたが、こちらはヒキガエルになっています。ここでも、なぜ変わるのか、理由は書かれていません。ともかく、そういうこともありうる、と作者は考えたのです。カフカの感想文を紹介したときに中高年の失業問題についてお話ししましたが、じつは、若い人たちだって無縁ではありません。せっかく就職しても、あこがれて入ったはずの会社が倒産するかもしれません。そうなれば、みなさんだってヒキガエルであり、マムシとも見なされるでしょう。そのとき、将来は結婚を約束していた恋人はどういう態度に出るでしょう。大企業の社員と結婚するはずだったのに、ただの失業者が相手では、いつの間にか千里も遠くに去ってしまうかもしれません。

でも、この村上昭夫の詩には、カフカの『変身』とは少し違った面もあります。終わりのほうに「お母さん、あなたならどうします」という呼びかけがあるからです。ヒキガエルやマムシやアンコウのような無様《ぶざま》な姿になった私は、だれからも相手にされなくなるでしょうが、それでも「お母さん」と呼びかけているのです。

新鮮に見えてくる

浄土経典の「無量寿経《むりょうじゅきょう》」(9)には《人、世間の愛欲の中に在りて、独り生れ、独り死し、独り去り、独り来《きた》る。まさに行きて苦楽の地に至趣《ししゅ》すべし。身みずからこれを当《う》け、代る者あることなし》という言葉があります。縮めて「独生独死《どくしょうどくし》、独去独来《どっきょどくらい》」とも呼ばれており、人間は一人で生まれてきて、一人で去っていく、だれも代わってくれる人はいない、という意味です。

その点では絶望したくなりますが、といって、悲しいばかりではありません。その世界をじっと引き受けてみると、新鮮に、もしかしたら輝かしくさえも見えてきます。たとえば、小説家で詩人だった高見順（一九〇七～一九六五）は、五十六歳で食道がんと診断されました。それから二年ほどは生きたのですが、病気をおして仕事をするなかで「電車の窓の外は[10]」という作品を書きました。

電車の窓の外は
光りにみち
喜びにみち
いきいきといきづいている
この世ともうお別れかと思うと
見なれた景色が
急に新鮮に見えてきた
この世が
人間も自然も
幸福にみちみちている

変わる

だのに私は死なねばならぬ
だのにこの世は実にしあわせそうだ
それが私の心を悲しませないで
かえって私の悲しみを慰めてくれる
私の胸に感動があふれ
胸がつまって涙が出そうになる
団地のアパートのひとつひとつの窓に
ふりそそぐ暖い日ざし
楽しくさえずりながら
飛び交うスズメの群
光る風
喜ぶ川面《かわも》
微笑のようなそのさざなみ
彼方《かなた》の京浜工場地帯の
高い煙突から勢いよく立ちのぼるけむり
電車の窓から見えるこれらすべては
生命あるもののごとくに

生きている
力にみち
生命にかがやいて見える
線路脇の道を
足ばやに行く出勤の人たちよ
おはよう諸君
みんな元気で働いている
安心だ　君たちがいれば大丈夫だ
さようなら
あとを頼むぜ
じゃ元気で――

絶望の世界を「よし」と受け入れたとき、もしかしたら、新しい世界に生まれ変わることができるのです。「見なれた景色が／急に新鮮に見えてきた」ということです。これまでの人生観、たとえば、出世とか、蓄財とか、名誉とか、あるいは子どもへの期待とか、そうしたことは我欲我執《がよくがしゅう》にすぎないのだ、と思えるようになります。そうなると、これまでは気づかなかった鳥や虫の声がやさしく聞こえてきます。冬の淡い光が暖かくも感じられてきます。プロレタリア文学から出発した高見順は、労働者へのまぶしいほどの期待をうたっていましたが、そうではなく、別の何かを求める人もいるでしょう。

提出していただいた『変身』の感想文の中で、ある人は《あすの朝、目が覚めたとき、自分が変身していないことを願っています》と書いていました。そういう気持ちで目が覚めて、虫けらでないことを確認したときは、冒頭に紹介したブラウニングの詩「春の朝」をもう一度読んでみてください。初めて読んだときとは違った感じを受けるはずです。とくに「神、そらに知ろしめす」というところが新鮮ではないでしょうか。そして、村上昭夫の「ひき蛙」が呼びかけた「お母さん」が何のシンボルか、改めて考えてみてください。この「お母さん」は、どんなに醜い虫けらやカエルでも受け入れてくれるはずなのです。

注

(1) 上田敏『海潮音』(新潮文庫、一九五二年) 所収。
(2) カフカ『変身』(高橋義孝訳、新潮文庫、一九五二年)
(3) 金子みすゞ「神輿」(JULA出版局『新装版　金子みすゞ全集・I』所収、一九八四年)
(4) 米国映画「アマデウス」(ピーター・シェーファー原作、ミロス・フォアマン監督、一九八四年)
(5) カール・バルト『モーツァルト』(小塩節訳、新教出版社、一九八四年)
(6) ニーチェ『善悪の彼岸・道徳の系譜』(信太正三訳、ちくま学芸文庫、一九九三年)
(7) アルベール・カミュ『異邦人』(窪田啓作訳、新潮文庫、一九五四年)

（8）『村上昭夫詩集』（思潮社、一九九九年）所収。
（9）『浄土三部経』（中村元・早島鏡正・紀野一義訳註、岩波文庫、上巻、一九六三年）所収。
（10）『高見順詩集』（彌生書房、一九九七年）所収。

第6週　救われる

「癒し系」の音楽

今日はまず、みなさんがよくご存じの音楽、「フィール（feel）」（東芝ＥＭＩ）を聴きましょう。二〇〇一年に百万枚以上が売れたオムニバスＣＤです。

……どうですか、どの曲も優しいなあ、と感じるのではありませんか。リズムはとても緩やかで、けっして叫ぶことはありません。このＣＤには「ザ・モースト・リラクシング」という副題がついています。もっともリラックスできる音楽というのです。

こうした「癒し系」というジャンルが注目されたのは、一九九九年、栄養飲料のＣＭに坂本龍一が起用されてからです。そのシングル版「ウラＢＴＴＢ」はミリオンセラーになりました。ピアノ演奏だけで、人間の声が一切入っていない静かな曲です。以前は同じ商品を「二十四時間、働けますか」とあおっていましたが、不況時代になって、逆に現代人の疲れを癒す方向を打ち出して成功した、ともいわれています。

次は、アイルランド出身の作曲家であり歌手のエンヤによるアルバム「ペイント・ザ・スカイ・ウィズ・スターー」（ワーナー・ミュージック）をかけてみます。

……テンポが単調で、変化がほとんどありませんね。繰り返しの旋律で、極端な上下がなく、なめらかな流れです。つまり、「癒し系」音楽の特色としては、ドラマ性のない点があげられるでしょう。劇的でないということです。たとえば、ベートーヴェンの「運命」のような入り方はしません。モーツァルトのように、悲しみの世界と喜びの世界を描くこともありません。同じ旋律を繰り返す点では、ラヴェルの「ボレロ」と同じですが、あれはターン、タ、タ、タ、タ、タ、タン、タ、タン、と静かに静かに始まって、次第に激しく激しくなっていきます。でも、エンヤはいつまでたっても平板で、絶望にも希望にも向かいません。もちろん、ロックの激しさ、ジャズのアンニュイ、あるいはビートルズのようなメッセージもありません。

私の姪《めい》は受験勉強をしていたころ、「何となく、エンヤ」だったそうです。モーツァルトやベートーヴェンをかけたのでは、音楽を聴いていないか、あるいは勉強していないか、どちらかになる。しかし、「癒し系」なら邪魔にならない。それなら、かけなければいいのだろうが、といって、何もないのも少し寂しい、というのです。静寂のなかにいると、どこか怖くなる。「こんな勉強をしていていいのだろうか」「大学に入ったからといって、何が変わるのだろうか」などと余計なことまで考えてしまう。そこで「癒し系」を背景に流しておくのだそうです。

この「癒されたい」という気持ちは、どんな願いなのでしょう。問題を解決したい、という積極性はないようです。原因を探りあてたい、ということでもありません。むしろ、慰められていたい、甘えていたい、ということでしょう。現状に満足はしていない、でも解決のための努力をするほどでもない。恋もしたいけれど特定の恋人は煩わしい、いまのままでいいけれど少し寂しい、という感じでしょうか。

漢和辞典で調べてみました。「癒」という字の中にある「兪《ユ》」は「舟＋刃物でくり抜くさま」からなる会意文字で、中をくり抜いた丸木舟のこと。それにヤマイダレ（疫・症・病・痘・痴など）がついて、からだの中の病巣をえぐり取る字義になります。[1] つまり、「癒されたい」の本来的な意味は、当面の痛みや患部を取り除いてもらいたい、外科的にえぐり出してもらいたい、という願いなのです。盲腸炎だから盲腸を取ってもらいたい、虫歯なので治療してもらいたい、ということです。

癒しと浄め

古代社会では宗教と医学が一体でしたから、この「癒し」を多くの宗教家が試みています。『新約聖書』には、イエス自身の病気治しが五十例、弟子が行った分も含めると百十五例が載っているそうです。[2] 人間はいつか死ぬのですから、そんなに治療をしてもむだではないか、という気もします。でも、いずれは死ぬ身と知りながら、人間はかぜも盲腸炎も胃潰瘍も治りたいのです。そういう気持ちを憐れんでか、イエスは次々と病人を治しました。苦しむ人々を見捨てることができなかったのでしよう。

この姿勢は、のちのキリスト教のよい伝統となりました。フランスのボーヌ市には、ホスピスの発祥といわれる病院があります。数年前に訪ねたことがありますが、パリから南東に車で約三時間、人口二万人くらいで、紀元前一世紀ごろにローマ人によって建設された町です。中心部に、一四四三年に造られた貧しい病人を収容するための慈善病院「オテル・デュー（Hotel-dieu 神の館）」がありました。黄や赤のスレートが模様を描く大屋根で、いまは博物館になっています。多数の病人を収容した広間には患者たちの当時の姿を描く絵が飾られ、診療器具や薬壺なども展示されていました。(3)

日本でも、宗教を背景に「癒し」を実践した人がいないではありません。その代表は聖武《しょうむ》天皇の后《きさき》である光明《こうみょう》皇后（七〇一～七六〇）です。病院をつくって貧しい病人を世話しました。浴室を建てて貴賤を問わず入浴させ、千人のあかを落とそうと決意しましたが、千人目に重い皮膚病におかされた男があらわれました。勇気を出してその体を洗い、さらに男の求めに応じて膿《うみ》を吸ったところ、男は光を放って「自分は阿閦如来《あしゅくにょらい》である」と告げたという伝説があります。しかし、その後の伝統仏教では、こうした姿勢は次第に失われました。江戸時代になって檀家《だんか》制度のおかげで寺の地位が保証されるようになり、代わりに社会への関心を忘れてしまったかのようです。(4)

「癒し」とは少し違いますが、宗教には「浄《きよ》め」という儀礼もあります。キリスト教の場合は「洗礼」で、宗派によって川や教会堂内に設けられた水槽に全身を浸すものや、手で頭に水滴をつけるだけのものがあります。ヒンドゥーの人たちはインダス河で水浴をします。イスラーム教徒もプールで身体を浄めるそうです。仏教にも灌頂《かんじょう》という儀式があります。数年前、仏教国ブータンを訪れたときに、校庭に整列した小学生たちが喜々としてお坊さんに水をかけてもらっている姿を見たことがあります。花まつりで仏像に甘茶をかける風習もありますね。

日本でも、神社に参拝するときは、手水《ちょうず》で手を洗い、口をすすぎます。世俗の中でついてしまった穢《けが》れを洗い流すのです。正式に神殿に入るときは、神職にお祓《はら》いもしてもらいます。ハタキのようなものに穢れを付着させて取り去るわけで、いわば「ダスキン」のような発想でしょう。水で洗ったくらいで邪念が消えるとも思えないし、浄めてもすぐに穢れるとは思います。お祓いをしてもらって「交通安全」のお守りをぶら下げて、それで自動車事故が減るのなら警察の仕事もさぞ楽になるでしょう。ばかばかしいようにも思われますが、転んで泣いている幼児はお母さんに「イタイのイタイの、飛んでけー」といわれると、不思議にも泣きやみますから、お祓いもお守りも何かしら心理的効果はあるかもしれません。

古代の人々は凶事や禍事《まがごと》を得体の知れない実体と考えて、どこか外からやってくると考えていたのです。汚物が付着するように考えていましたから、水で洗い落とせると思っていたわけです。ですから、死者が出た直後の家は「穢れている」として、その家族は公式の場には出られないしきたりもありました。そうした穢れは、祓えや読経《どきょう》によって取り除くことができると信じられていたのでしょう。

自分自身のまちがい

しかし、原因がもともと深く自分の内部にある場合はどうでしょうか。災難や他人のせいではなく、まちがいが自分自身の責任だとしか思えないときです。肉体の一部が痛いだけなら外科手術も可能ですが、全身ががん細胞に冒されている場合は手術ができません。原因が自分の外にあるならまだしも、心の傷などはそうもいきません。そのときは内科的・精神的な治療といったものが必要になってきます。

仮にわが子に自殺されたとして、それを「学校が悪い」「先生が悪い」と他人を恨んでばかりもいられません。たしかに社会や環境に原因があることもあるでしょうが、それでも、親として子どもの心をなぜ知り得なかったか、と苦しむ人が多いのではないでしょうか。作家の高史明《コサミョン》さんも一九七五年、一人息子の真史《まさふみ》君が十二歳で自ら生命を断つことを予知できませんでした。『ぼくは12歳』[5]という遺稿集を読むと、詩がとても上手な中学一年生だったようです。高さんは『いのちの優しさ』[6]という本のあとがきでこう告白しています。

《満六年の命日が来る。過去となっているはずのその日が、いまもまだ、突然、胸を締めつける苦痛とともに思い返される。この身に刻まれている震《ふる》え、呻《うめ》き、慟哭《どうこく》は、いつまでも生々しく消え去ろうとしない》

どうしようもない失敗。わが身のまちがい。自分自身で引き起こした苦しみ。こうしたことに向き合おうとすれば、そこに「救い」という問題が出てきます。

たとえば、少年時代の万引きです。店番の人が向こうを見ているすきに、漫画本を一冊、さっとカバンにしまい込む。まだ気づいていない。そっと外に出て成功だ……。見つかって、補導された人はまだ幸せかもしれません。見つからなかった人には、もっと深い傷が残ります。三十、四十、いや、六十歳になっても、あの店には申し訳ないと思うでしょう。親が十分な小づかいをくれなかったからだとか、あの本屋はもうかっているとか、屁理屈《へりくつ》を考えてみても、冷静に考えれば、どれもこれも言い訳になりません。ああ、思い返せば、誰のせいでもない、オレは人間失格だ……と生涯、苦しみ続けます。

私にも、まちがいが数々ありました。新聞記者として訂正原稿を何度も書きましたし、ご迷惑をかけた記事は思い出せないほどです。そのほか、管理職として判断をまちがえたこともあります。若いころは、女性を裏切ったこともありました。ただただ謝るしかありません。恥ずかしいこと、悔やみきれないことが山ほどあるのです。

悪と知りながら、人間はなぜ悪を行うのか。『旧約聖書』の「創世記」には、人類の祖とされるアダムとイブが禁断の木の実を食べた物語が載っています。これを「原罪」と名づけて、だから人間は罪深いのだ、と説明する神学もあります。(7) しかし、それで本当に納得できるでしょうか。私のまちがいは決してアダムとイブのせいなどではなく、明らかに私自身の責任なのだ、と本人は感じているのですが……。

ここまで考えてくると、「癒し系」の音楽や書物には反省や懺悔、強くいえば自己否定が欠けている気がします。あのメロディーは「自分に罪はないけれど、何となく苦しいなあ」といった感じです。これに対して、もう少し根本的な問題には「救い」が必要になってきます。ちなみに、日本語の語源を調べると、「救い」はもともと「手で水を掬《すく》う」というときの「すくい」と同じ語根になるそうです。つまり、両手で掬い取るように、溺れている人間全体をそっくり助けることを「救い」というらしいのです。(8)

修行・生けにえ・寄付

どんな宗教でも、「救済」は大きな問題です。逃れようもない罪の意識から、人間はどうしたら救われるのか。ジャイナ教のように、難行苦行で救いを求める道もあります。坐禅をする、滝に打たれる、山を千日間も歩き回る、一心不乱に経典を読む、聖地に巡礼する、とさまざまな道があります。(9)

しかし、ときには修行も行き過ぎが起きます。オウム真理教では、信者を熱い湯の中に何度も入れさせ、死なせてしまいました。伝統仏教の荒行《あらぎょう》堂でも近年、先輩僧による「いじめ」が相次ぎ、途中で修行者たちが逃げ出す事件も起きています。(10)そんなに無理をするより、毎朝、自宅の内外を掃除するとか、日々の農作業や商売に打ち込むとか、やれることは身近にいくらでもあるはずです。金光教の開祖・川手文治郎（金光大神）の場合は次のように教えています。

《水をかぶって行《ぎょう》をすると言うが、体にかぶっても何もならない。心にかぶれ。寒三十日水行をすると言っても、それは体を苦しめて病気をこしらえるようなものである。（中略）水をかぶったから真《まこと》である、水をかぶらないから真がないとは言えない。食わずの行をするのは、金光大神は大嫌いである。食うて飲んで体を大切にして信心をせよ[11]》

古代には、生けにえを代償にして助けを求める、という方法がありました。『旧約聖書』の「創世記」二十二章にも、神の命令に従って幼いわが子イサクを焼き殺そうとしたアブラハムの話が出てきます。そこまで神に従うべきか、神さまもひどいことをするじゃないか、という声は、ユダヤ教やキリスト教の世界でもあったようです。カントやキルケゴールといった、名高い哲学者や神学者がさまざまな解釈や弁明を試みています[12]。

今日でも、この「イサク献供」と呼ばれる物語は、一部のカルト教団が信徒に過重な要求をするときの根拠に使われることがあります。わが子の殺害まで受け入れた人がいたのだから、もっと献金しなさい、もっと働きなさい、さもないと救われないぞ、と脅すわけです。でも、神さまはそれほどまでに欲張りで意地悪なのでしょうか。『旧約聖書』の「ホセア書」には《わたしが喜ぶのは／愛であっていけにえではなく／神を知ることであって／焼き尽くす献《ささ》げ物ではない》（六・六）という言葉もあるのです。

中世のヨーロッパや日本では、王侯貴族が競って寺院や教会に寄付をしました。そうすれば死後の平安が約束される、と考えたのでしょう。中世カトリック教会は「免罪符《めんざいふ》」なるものまで売り出しました。お札《ふだ》を買えば救ってやる、というのです。それ以外にも巨額の献金を集めていたようで、カトリックの総本山があるローマ市内には、巨大な教会がいくつも並んでいます。私はサン・ピエトロ寺院の高い塔に登りながら、キリスト教界の腐敗に怒ったマルティン・ルター（一四八三〜一五四六）が宗教改革の運動を始めたのも当然だったなあ、と思ったものです。

こうした風潮について、浄土宗を起こした法然上人は『選択本願念仏集《せんちゃくほんがんねんぶつしゅう》』で《もしそれ造像起塔《ぞうぞうきとう》をもって本願とせば、貧窮困乏の類《たぐい》は定んで往生の望を絶たむ。しかも富貴《ふき》の者は少なく、貧賤《ひんせん》の者は甚《はなは》だ多し》(13)と嘆いていました。この「もし仏像をつくり、堂や塔を建てなければ救われないのなら、貧しい人はどうすればいいのか」という思いが旧仏教への批判となり、鎌倉新仏教の誕生につながっていったのです。

多額の献金や寄進はできなくとも、せめて良いことだけをして生きたいとは思います。でも、悪いことを一つもしないで生きていけるものでしょうか。満員電車のドアに自分が乗り込まなければ、乗っている人はそれだけ楽になりますが、そんなことはできません。奥のほうで病人や老人が「苦しい、押さないで」と叫んでいるかもしれませんが、それでも乗らなければ学校や会社に遅れてしまいます。生命を奪うことだと知ってはいても、肉や魚、米や野菜を食べなければ生きていけません。

すでに救われている

何をやっても、どんな努力をしても救われないとなると、人間は生涯、あるいは来世（存在するとすれば、ですが）でも、苦しまなければなりません。祈っても、修行をしても、捧げ物をしても、善行を重ねても、限界がある。これでは、とても自分は救われまい。ああ、この罪は消えないのか、という状況に追い込まれます。

しかし、まったく違った発想から、この危機を脱する教えがあるのです。それはキリスト教と浄土系仏教です。説明の仕方は違いますが、ともに「すべての人間はすでに救われている。あなたがそれに気づいていないだけですよ」と呼びかけています。「とうに赦《ゆる》されている」というのですから、自分の過去に苦しんでいる人にとっては、逆転の発想です。

まず、キリスト教の場合です。

古代ユダヤ社会には「安息日に働いてはいけない」といった規則（律法）がたくさんあり、口うるさい人たちが違反者を「罪人」として監視していました。これに対してイエスはがんじがらめの生活からの解放を説き、ついには体制側の反発を招いて十字架にかけられます。その後、遺された弟子たちは、ユダヤ教の形式主義に対して新しい救済論を考え出します。「われらのイエス先生は自らが生けにえとなり、過去未来すべての人間の罪を背負って死んでくださった。だから、私たちはすでに救われている」という解釈です。

イエスこそが、『旧約聖書』の時代から約束されていた「救い主」である、とする贖罪《しょくざい》といわれる思想です。この「救い主」という言葉は、ヘブライ語で「メシア」、ギリシャ語で「キリスト」と呼ばれています。話の筋道から考えると、イエス自身が説いた教義というより、死刑が執行されたあとで、弟子たちが創った話かもしれません。

参考までに挙げますと、没後の弟子であるパウロはこのことを、『新約聖書』の「ローマの信徒への手紙」でこう説いています。

《わたしたちがまだ罪人であったとき、キリストがわたしたちのために死んでくださったことにより、神はわたしたちに対する愛を示されました。それで今や、わたしたちはキリストの血によって義とされたのですから、キリストによって神の怒りから救われるのは、なおさらのことです》（五・八～九）

次に、浄土教の救済論は「無量寿経」で説かれています。

それによれば、はるか昔に「法蔵菩薩《ほうぞうぼさつ》」と呼ばれる修行者がいて、四十八の誓い（四十八願）を立てます。たとえば、その第一願は《たとい、われ仏となるをえんとき、国に地獄、餓鬼、畜生あらば、（われ）正覚《しょうがく》をとらじ》というものでした。現代語訳[14]では《もしも、かのわたくしの仏国土に、地獄や、畜生（動物界）や、餓鬼の境遇におちいる者や、アスラ（阿修羅、闘いを好む神）の群れがあるようであったら、その間はわたくしは、〈この上ない正しい覚《さと》り〉を現に覚ることがありませんように》となっています。「一切の人間が悲惨な苦しみから救われないなら、私は目覚めた人（仏）にはなりません」と誓ったのです。

ところが、同じ「無量寿経」によれば、この法蔵菩薩はその後、「阿弥陀仏」という名前の「目覚めた人（仏）」になり、浄土でいまも真理を説いているそうです。ということは、先ほどの誓いは成就《じょうじゅ》しているはずであり、すべての人間はすでに救われている、という理屈になります。

これも参考に紹介しますと、唐代の浄土思想家・善導《ぜんどう》（六一三～六八一）の書いた「往生礼讃《おうじょうらいさん》」[15]には《かの仏《ぶつ》いま現に世にましまして成仏したまへり。まさに知るべし、本誓重願《ほんぜいじゅうがん》虚《むな》しからず、衆生《しゅじょう》称念《しょうねん》すればかならず往生を得》とあります。「あの阿弥陀仏が現に浄土におられる以上、その願いは現実のものとなっているはずです。だれでも、念仏をすれば救われるでしょう」といった意味です。ここでいう「成仏」や「往生」は、日本で一般に理解されている「死ぬ」ということではなく、「仏に成る」「生に往く」、つまり「目覚める」「新しく生きなおす」ことです。浄土真宗の東西本願寺が聖典としている著者未詳の「安心決定鈔《あんじんけつじょうしょう》」[16]にも《われらすでに阿弥陀という名号《みょうごう》（名前）をきく。しるべし、われらが往生すでに成《じょう》ぜりということを》と書かれています。

キリスト教の救済論は「（歴史上の人間であり、かつ神の子とされる）イエスが、私たちの一切の罪を担って十字架にかかってくださった」とする信仰です。「無量寿経」の説話は「（歴史上の人物でない修行者である）法蔵菩薩が、すでに阿弥陀仏になっている以上、人類の救いは成就している」という物語です。

どちらも興味深い話ですが、現代人はなかなか素直には受け取れないでしょう。「そんな作り話を大まじめに信じられるか」と思う人も多いはずです。じつは私もそうなのですが、といって笑い飛ばす気にもなれません。こうした信仰や物語は、古代の悲しくて辛い日々から生まれてきました。自分自身の罪、癒されようもない悔恨、絶望のどん底から生まれてきたのです。その泥沼から救うために、心優しい宗教家が古代の民衆にわかりやすく説明するために考えた神話、あるいは説話と考えてみたいのです。

ブッダやイエス、その流れの弟子たちが伝えたかったことは、「人間は究極において自由なのだ」という慰めだったのではないでしょうか。説明の仕方こそ違いますが、ともに「いつまでも過去にとらわれることはない」といっているのです。十字架による贖罪説《しょくざいせつ》も、法蔵菩薩・阿弥陀仏の説話も、人間の創ったフィクションだろうとは思います。しかし、私たちが罪の意識にさいなまれているとき、こうした物語にほっとしないでしょうか。どうしようもない迷路から抜け出すには、とりあえず神話を受け入れて、自由になってもいいのではないか、と私は思うのです。わが子に自殺されたとしても、その後、親としてそこまで苦しんだなら、それで十分な気がします。

そもそも「救われる」とは、どういうことでしょうか。あなたの深い悲しみは、生涯、消えることはありません。救われて人並みに陽気になる、ということではないはずです。そうではなくて、悲しみは悲しみとして抱きながら、過度のこだわりや執着から自由になる、ということです。イエスは《明日のことまで思い悩むな。明日のことは明日自らが思い悩む。その日の苦労は、その日だけで十分である》(「マタイによる福音書」六・三四)と語りかけています。

親鸞の言葉を記録した『歎異抄』には、《善人なおもて往生をとぐ、いわんや悪人をや[17]》という有名な言葉があります。常識では「仏さまは悪人さえ救ってくださる。だから、善人を救わないはずがない」と読むでしょうが、そうではないのです。「仏さまは善人さえ救ってくださる。ならば、まさに救いが必要な悪人を放っておくはずがない」と、大胆に逆転の言葉で語っているわけです。

本願ぼこり

以上で「すでに救われている」という意味はおわかりいただけたと思います。しかし、もう一つ、お話ししておかなければならないことがあります。「すでに救われている」「人間は自由なのだ」となると、かならず「じゃあ、何をしてもいいのだな」という言い分が出てくることです。盗みをしても人を殺しても浄土や天国に行けるのなら、それはありがたい、という考えです。これは法然や親鸞の時代から、浄土思想にとっての大問題でした。実際に当時、思うがままに狼藉《ろうぜき》をはたらく念仏者がいたらしいのです。「本願ぼこり」といわれています。「赦されている」という本願に甘えて、つけあがることです。

これに対して、親鸞は門弟への手紙で《えい（酔）もさめぬさきに、なおさけをすすめ、毒もきえやらぬものに、いよいよ毒をすすめんがごとし。くすりあり毒をこのめ、とそうろうらんことは、あるべくもそうらわずとぞおぼえそうろう》(18)と戒めています。『歎異抄』にも《くすりあればとて、毒をこのむべからず》という言葉があります。酔いが醒《さ》めていない人に酒を勧めたり、解毒剤があるからといって毒を飲ませたりしてはいけない、という教えです。法蔵菩薩の説話による「救い」の前提には、まず「私は罪深い人間である」という深い反省があるのです。心からの懺悔、自己否定が先にあってこそ、救いも訪れる、という話の筋道を理解していなければなりません。

十九世紀ロシアの作家ドストエフスキー（一八二一〜一八八一）も、小説『悪霊《あくりょう》』(19)でこの問題を考えたようです。神を信じる作中人物キリーロフが「人間が不幸なのは、自分がすでに幸福であることを知らないからです」といったことに対して、ニヒリストのスタヴローギンが「女の子を辱《はずかし》めたり、穢《けが》したりする者もあるだろうけれど、それもすばらしいのですか」と尋ねます。しかし、キリーロフは「人間がよくないのは、自分たちがいい人間であることを知らないからです。それを知れば、女の子に暴行を加えたりはしない」と答えました。自分の過去や罪を心から懺悔し、そのうえで「それでも赦されている」と知って感謝する気持ちになっている人間なら、ふたたび積極的に罪を犯すことなどはありえない、といったのでした。[20]

『新約聖書』の「マルコによる福音書」には、イエスの《医者を必要とするのは、丈夫な人ではなく病人である。わたしが来たのは、正しい人を招くためではなく、罪人を招くためである》(二・一七)という言葉があります。先に紹介した親鸞の《善人なおもて往生をとぐ、いわんや悪人をや》にも通じる教えですが、やはり、これを逆手にとって「悪行、さしつかえなし」とうそぶく人間もいたようです。これに対して、イエスは別の箇所で《最も小さな掟《おきて》を一つでも破り、そうするようにと人に教える者は、天の国で最も小さい者と呼ばれる。しかし、それを守り、そうするように教える者は、天の国で大いなる者と呼ばれる[21]》と釘を刺していました。悪人もたしかに天国に行けるが、罪の大小によって席が違う、ということでしょうか。

注

（1）藤堂明保編『学研漢和大字典』（学習研究社、一九七八年）参照。
（2）山形孝夫『聖書の起源』（講談社現代新書、一九六七年）参照。
（3）田辺保『ボーヌで死ぬということ』（みすず書房、一九九六年）参照。
（4）吉田久一・長谷川匡俊『日本仏教福祉思想史』（法藏館、二〇〇一年）参照。
（5）岡真史『〈新編〉ぼくは12歳』（ちくま文庫、一九八五年）
（6）高史明『いのちの優しさ』（ちくま文庫、一九八七年）
（7）アウグスティヌスの自伝『告白』（服部英次郎訳、岩波文庫、一九七六年）には、《幼年時代も罪をまぬがれない》《何人も、あなた（神）のみ前で、罪なく清らかであるものはない》などとある。
（8）白川静『字訓』（平凡社、一九八七年）、大野晋ほか編『岩波古語辞典』（岩波書店、一九七四年）など。
（9）藤田庄市『行とは何か』（新潮選書、一九九七年）参照。
（10）産経新聞、二〇〇三年十月二十五日付「宗教にとって〝行〟とは何か　寒中の水垢離　荒行堂問題に揺れる日蓮宗」（稲垣真澄記者）参照。
（11）『金光教経典』（金光教本部教庁編、一九八三年）所収の「理解II」より。
（12）関根清三『旧約聖書の思想　24の断章』（岩波書店、一九九八年）参照。
（13）法然『選択本願念仏集』（大橋俊雄校注、岩波文庫、一九九七年）
（14）「仏説無量寿経」（岩波文庫『浄土三部経』上巻所収、中村元ほか訳注、一九六三年）
（15）浄土真宗聖典編纂委員会編『浄土真宗聖典・七祖篇・註釈版』（本願寺出版社、一九九六年）所収。
（16）「安心決定鈔」（真宗聖典編纂委員会編『真宗聖典』所収、東本願寺出版部、一九七八年）。『曽我量深選集』第一巻（彌生書房、一九七〇年）所収の「『安心決定鈔』を論ず」が参考になる。

(17) 親鸞『歎異抄』(金子大栄校注、岩波文庫、一九三一年)。この言葉については、出所や解釈に関する数多くの研究や論争がある。
(18)「親鸞聖人御消息集・広本」一条(前掲『真宗聖典』所収)
(19) ドストエフスキー『悪霊』(江川卓訳、新潮文庫、下巻、一九七一年)
(20) 椎名麟三「まぼろしの門」(中公文庫『私の聖書物語』所収、一九七三年)参照。
(21)「マタイによる福音書」五・一九。井上洋治『南無の心に生きる』(筑摩書房、二〇〇三年)参照。

第7週　気づく

「疑う」から

私は三十八年間、新聞社に勤務しました。初任地は山形市で、静かな人情に厚い土地柄でした。まず、警察を担当しました。ある朝、いつものように山形署に出向くと、宿直明けの刑事さんに「けさは何もないよ」といわれました。まだ人間を信じていたのでしょう。素直にお礼をいって支局に戻ったのですが、じつは前夜、この地方では珍しく殺人事件が起きていたのです。地元の山形新聞の特ダネとなり、新米の私は支局長に叱られました。その後も取材先の話をそのまま書いては失敗を重ねました。それ以来、政治家はもちろん、立派そうに見える経済人も教育関係者も、すべて疑うことにしました。新聞記者という仕事は「まず疑う」が基本なのです。

デスクや管理職を一通りすませ、五十歳を過ぎてから、宗教などを扱う「こころ」のページの担当になりました。宗教記者というわけですが、疑ってかかる習性は抜けません。取材先を簡単に信じることができないのです。

初めのうちは、立派な袈裟を着ているお坊さんや聖堂でミサを挙げる神父さんに怖気《おじけ》づきました。しかし、おつきあいも少し深くなると、本音もいろいろ出てきます。中には、ごまかしたり、隠したりする人もいて、つまりは人間であることが分かってきました。それはそれで親しみを感じてくるわけですが、当然ながら、聖なる祭壇や豪華な仏壇、こけ脅かしの衣装にも気後れしなくなります。彼らがいくら「ありがたい」説教をしても、素直には信じることができなくなりました。因果な商売です。新聞記者であることと、宗教を持つこととは根本的に矛盾するのかもしれません。

しかし、よくよく考えると、この「疑う」姿勢は悪くないはずです。他人を信じることは美徳といわれますが、疑うこともまた人類の発展に尽くしてきたのです。科学史上の大発見も多くは疑いから始まっています。「太陽が地球を回っているのは、本当だろうか」という疑問から、コペルニクスは地動説を考え出しました。ジャーナリストが政治家や実業家の言葉を信じて疑わなかったら、ウォーターゲート事件もロッキード事件もリクルート事件も、表面化しなかったはずです。

というわけで、いっそ徹底して疑ってみようという気になりました。疑って、疑って、疑い抜く。日々の取材対象はもちろん、お坊さんも、神父さんも、大学教授も、そして彼らが話している中身も、本当かと疑ってみる。ついでに会社の上司も、友だちも、あるいは親や妻子も、周りをすべて疑っていく。念仏も、祈りも、経典も、聖書も、神も、仏も、さらには、疑っている自分も疑います。生意気な原稿を書いている自分を見つめ直します。さて、それで、何が残るでしょうか。

覚の宗教

朝日新聞の「こころ」のページでは一九九五年、オウム真理教事件のあとで「信じるということ」というテーマで読者の意見を募りました。「あなたの信じる宗教とオウム真理教とではどこが違いますか」と問いかけたわけです。全部で三百二十通の手紙をいただきました。その多くは「ウチの教団ではあんな金集めはしていない」「民主的な運営です」「入会も脱会も自由ですよ」といった内容でした。それはそれでけっこうだと思って、二回に分けて掲載しましたが、私は何となく納得できませんでした。

結局のところ、どの宗教も理性をどこかで捨てさせ、疑うことをやめさせ、「エイ、ヤッ」と信じ込ませているように見えました。それではオウム真理教とあまり変わらないじゃないか、と思いました。これはまさに、信仰というものに対して高校生のころから抱いてきた根本的な疑問でした。新聞記者の「まず疑え」という基本にも反します。

しかし、投書を選んでいって、一通だけ、「これだ」と思った手紙がありました。私の人生にとって、大きな転機となった投書です。感謝の気持ちをこめて、同年七月十一日付の夕刊からそのまま紹介させていただきます。

「信ではなく、覚《かく》の宗教こそ」

約二十五年前、学園紛争は収まっていたが、心がひどくうつろな時期だった。学生だった私は学内の坐禅サークルに入った。顧問の先生の講話は驚くほど新鮮であった。「神や仏を信じることではいけない。仏に逢《あ》えば仏を殺し、祖に逢えば祖を殺す。これは絶対者を想定するな、という禅の言葉です」「理性のみに頼っていてはいけないが、ぎりぎりまで手放してはいけません」「現代社会に必要なのは信ではなく、覚の宗教です」

先生のもとにはさまざまな人が集まった。心を病んだ青年もいて、禅寺にまで行ったが、結局、自ら命を絶った。そのとき、先生は言われた。「求めようとしても得られず、避けようとして避け難い何かが、事実として人生には存在します」

結局、私も夏目漱石の小説「門」の主人公のように、最後まで「無」が体得できずに門の外にたたずむだけだったが、あのころの体験は根っこの部分に影響を与え続けている。

（新潟市・青柳明子・主婦・四十五歳）

若い女子学生に影響を与えた顧問の先生がどういう方かは存じません。しかし、しばらくして、私にはこの先生の背景が分かってきました。おそらくは京都で西田哲学を学んだ人でしょう。「仏に逢えば仏を殺し、祖に逢えば祖を殺す」という言葉は、私の二週目の授業「祈る」で紹介した『臨済録』にある「殺仏殺祖《せつぶつせっそ》」のことです。そして、「現代社会に必要なのは信ではなく、覚の宗教です」という言葉は、まちがいなく、禅思想家の久松真一《ひさまつしんいち》（一八九四〜一九七六）が一九四九年に書いた

「無神論」(1)という論文につながるはずです。その原文はこうなっています。
《(これからは)「信の宗教」ではなくして「覚の宗教」になって来なければならない。普通は信Glaubenが宗教的作用religiöser Aktと考えられているが、私は「信」が宗教的アクトであるような宗教は、結局中世的なものにならざるを得ず、「覚」がそれであるような宗教こそが、近世を超えてゆく宗教でなければならないと考えたいと思う》

この言葉を味わっていくうちに、私は「宗教とは、信じるものではない」と思うようになりました。判断力や理性を捨てて、何かを「エイ、ヤッ」と信じなくてもいいのです。世の宗教家はとかく、仏さまにせよ、神さまにせよ、「ともかく信じなさい」と教えがちですが、それは怪しいのではないでしょうか。

そうではなくて、宗教とは「気づく」ものなのです。疑って、疑って、そのあげくに、ハッとして、なあんだ、そういうことか、と了解するものです。こちらから無理に信じなくてもいいのです。なぜなら、阿弥陀さまにせよ、神さまにせよ、こちらが信じなくても、ちゃんと存在しているはずです。こちらが信じなければ存在しないようでは、本当の神とはいえません。悪口をいおうが、無視しようが、忘れようが、それでも存在しなければなりません。念仏を唱えようが唱えまいが、阿弥陀仏はおられるのです。そのことに気がつく。つまり「覚」でなければならない、と久松さんは述べているわけです。

この「覚」は、人によってさまざまな形でやってきます。江戸時代の白隠《はくいん》禅師(一六八五〜一七六八）は二十四歳のとき、劇的に気づきます。

《一夜恍然《こうねん》として暁に達す。乍《たちま》ち遠寺《おんじ》の鐘声を聞く。微音纔《わず》かに耳に入るとき、則ち底に徹して根塵《こんじん》を剝落《はくらく》す。恰《あたか》も耳辺に在って洪鐘を撃つが如し。豁然《かつぜん》として大悟し……(2)》

玉城《たまき》康四郎《こうしろう》・東京大学名誉教授の意訳では《ある夜、白隠はうっとりとなったまま明け方になった。丁度そのとき、遠い寺の鐘の音が聞こえてきた、そのかすかな音が耳に入ったとき、一切合切《いっさいがっさい》、もう何もかも徹底して剝《は》げ落ちてしまった。いわゆる、木端微塵《こっぱみじん》、茫然自失《ぼうぜんじしつ》である。あたかも大きな釣鐘《つりがね》を叩くように耳に響いてきたのである。そのとき、豁然として大悟《たいご》した(3)》というのです。

その玉城さん自身は、生涯の間に何度か、「分かった！」という瞬間を体験したそうです。最初は二十六歳のときです。大学図書館の閲覧室にいたとき、《何の前触れもなく突然、大爆発した。木っ端微塵、雲散霧消してしまったのである。（中略）ながいあいだ悶《もだ》えに悶え、求めに求めていた目覚めが初めて実現したのである(4)》と書いています。先生は一九九九年に八十三歳で亡くなられましたが、生前、ご自宅のソファで「あのときは本当に木っ端微塵だったなあ」と話されていたことを懐かしく思い出します。

正岡子規（一八六七〜一九〇二）が二十八歳のときに作った《柿食へば鐘が鳴るなり法隆寺》の俳句を思い出してください。もちろん、「柿食へば」が原因になって、「鐘が鳴る」という結果になったのではありません。たまたま柿を食べた、ふと気がついたら、法隆寺の鐘がゴーンと聞こえてきた、という意味です。柿を食べても食べなくても、鐘は毎日決まった時刻に鳴るわけで、そこに直接の因果関係はないのです。茶店に腰を下ろして何気なく柿を食べていた。すると、法隆寺から鐘が聞こえてきた。ハッと何か大事なことに気がついた、ということでしょう。それは「仏法」を乗せた音かもしれません。白隠禅師の体験と一脈通じるところがあります。

「不立文字」の世界

残念ながら「覚」の中身を教室で伝えることは、ほとんど不可能です。古今東西の偉大な宗教者たちが何とか伝えようとしてきたのですが、万人に伝える共通の方法は発見されていません。

禅宗には「不立文字《ふりゆうもんじ》」という言葉があります。文字によって立たず。つまり、言葉では伝えられない、ということです。普通は「言葉に出さなくても自分の考えや気持ちが相手に通じること」という意味で使われている「以心伝心」という語も、もともとは禅の用語です。やはり本人が直感的に理解しなければ分からない、ということです。だから、普通の論理をひっくりかえしたような禅問答が行われ、また、師匠が激しく弟子を叩くなどするのです。ほら、気がつけ、ええい、まだ分からないか、というわけです。

普通の意味の勉強をしたからといって答えが出ることではありません。努力によって得られる「知識」ではないからです。不思議とか、畏敬《いけい》とか、宗教心のことでもありません。拝んだり、祈ったり、念じたり、唱えたり、そういうことを重ねても、わからない人には最後まで無理でしょう。といって、天才や秀才だけに可能性があるわけでもありません。「妙好人《みょうこうにん》」とも呼ばれる島根県温泉津《ゆのつ》町のげた職人・浅原才市（一八五〇〜一九三二）は読み書きも十分にはできませんでしたが、阿弥陀仏を受け入れて、かんなの削りくずなどに次のような宗教詩を六千も書いていました。(5)

わしが親さま、見たことあるよ。
よくよく見れば、
わしが親さま、
なむあみだぶつ。

この感動に出あうために必要なことがあるとすれば、人生を真剣に考え、道を求め、苦しむしかありません。絶望の淵まで落ち込んで、その極にあって気がつく歓喜です。『新約聖書』の「マタイによる福音書」には《狭い門から入りなさい。滅びに通じる門は広く、その道も広々として、そこから入る者が多い。しかし、命に通じる門はなんと狭く、その道も細いことか。それを見いだす者は少ない》（七・一三〜一四）という言葉もあります。

そんなに難しいことですから、若いみなさんには何が何だかわからないでしょう。何とか伝えたいとは思うのですが、やはり無理かもしれません。といって、手順を踏んで時間をかけたからといって分かることでもないのです。宗教系の大学で勉強した僧侶や牧師であっても、哲学科や宗教学科を卒業した人であっても、四十歳、五十歳、いや七十歳になっても分かっていない人が多くおられます。

失礼ながら、筋違いの説教をしている宗教者にも出会います。

ですから、いまは分からなくてもいいのです。ともかく聞いておいてください。そして、いつの日か、あ、そうか、と思い出してほしいのです。

私自身に玉城先生のような劇的な体験はありません。でも、行き詰まっていた学生時代に「われ、あり」と予感したことはあります。当時、周囲に二人ほど、似たような世界に迷い込んだ友人がいて、希望のない日々ながらも、「ここに何かがあるんだ」と興奮しながら語り合ったものです。ですから、この教室で一人か二人、もしかしたら何かを感じてくれるかもしれない、と思ってお話ししているのです。この授業で紹介する先人たちの本を読んで、ぜひとも、あの絶望と紙一重の、しかし、絶対無比の世界を知ってもらいたいと思います。ともかく、あなたがたを子ども扱いすることなく、もしかしたら大変なことも理解できる深い人間なのだ、という前提で講義を進めるつもりです。

かといって、まったく難しいことでもありません。前にも紹介した臨済禅師は、『臨済録』[6]の中で《赤肉団上《しゃくにくだんじょう》に一無位《むい》の真人《しんにん》有って、常に汝等《なんじら》諸人の面門より出入す。未だ証拠せざる者は看《み》よ看よ》と教えています。「ほら、赤い血の出るお前たちの体の中に真理そのものがあって、顔の真ん前から出入りしているではないか。まだ見届けていない者は、さあ、よく見ろ、よく見ろ」というのです。私も「よく見ろ、よく見ろ」としかいいようがありません。

根源的覚醒

以上のことを、私はあえて「宗教的覚醒」ではなく、「根源的覚醒」と呼びたいと思います。宗教を持っていない人や、無神論の人にも起こりうるからです。時には、それは激しい痛みを伴ってやってもきます。神を認めなかった実存主義哲学者ジャン・ポール・サルトル（一九〇五～一九八〇）は小説『嘔吐《おうと》』[7]の中で、主人公ロカンタンが公園のマロニエの木を見ているうちに覚えた吐き気のことを、こう記しています。もちろん、サルトル自身の体験でしょう。

《さて、いましがた、私は公園にいたのである。マロニエの根は、ちょうど私の腰掛けていたベンチの真下の大地に、深くつき刺さっていた。（中略）たったひとりで私は、その節くれだった、生地《きじ》そのままの塊《かたまり》とじっと向いあっていた。その塊は私に恐怖を与えた。それから、私はあの天啓を得たのである》

マルクス主義の経済学者・河上肇《かわかみはじめ》（一八七九～一九四六）は、左翼思想を理由に投獄されていたときに書いた「獄中贅語《ごくちゅうぜいご》」で《人ありてこれ（宗教的真理）を獲得するとき、そこにはたちまち暗黒の雲霧が開けて限りなき光明が輝き出す。そこには大いなる平安（いわゆる安心《あんじん》）と大いなる歓喜（いわゆる踊躍歓喜《ゆやくかんぎ》の心）が生まれる》[8]と書いています。学者としては「科学的真理」を大切にした人ですが、人生には一方で「宗教的真理」もあることを認めていたのです。

米国の思想家ラルフ・ウォルド・エマソン（一八〇三～一八八二）は、エッセイの中で《精神が清純で神的な英知を受け入れるとき、古い物は常に影をひそめ、――手段、教師、経文、寺院、みな地に落ちるものである。今度はその純なる人が生き、過去と未来を現在に吸収する。万物は、どれもこれも同様に、その純なる人との関連によって神聖となる[9]》と書いていました。この真理・英知に気がつけば、宗教の表面的な儀式や伝統などはどうでもよくなる、というのです。

仙人にしか分からない秘法のように見えるかもしれません。しかし、決して非科学的なことではないのです。「神秘主義」とも呼ばれる世界ですが、魔術や呪術の世界とはまったく違うことです。二十世紀に入る前後から、心理学者や精神科医や宗教学者による学問的な分析も進んでいます[10]。

心理学的研究の先駆者である米国のウィリアム・ジェイムズ（一八四二〜一九一〇）はこうした根源的覚醒を「回心」と呼び、多くの人々から聞き取り調査をしました。一九〇一年から二年間にわたって英国で行った講演は、岩波文庫の『宗教的経験の諸相[11]』で読むことができます。その中で「回心」をこう定義しています。

《それまで分裂していて、自分は間違っていて下等であり不幸であると意識していた自己が、宗教的な実在者をしっかりとつかまえた結果、統一されて、自分は正しくて優れており幸福であると意識するようになる、緩急さまざまな過程》

この「回心」という言葉は、キリスト教などでは「かいしん」と呼びます。それまでの俗人的日常を悔い改めて、神の道へ心を向けることです。仏教では「えしん」と読み、自己の罪過を恥じて心を仏の教えに向けること、浄土教では自力の心を捨てて念仏の教えを信じること、としています。細かい点はともかく、英語では同じconversionですから、まあ、それほど違わないでしょう。ちなみに、泥棒が「二度と悪事はいたしやせん」という場合は「改心」と書きます。自分のしてきたことを悪いと認めて、心を改めることです。英語ではリフォーム（reform）です。こちらは台所をリフォームするように、気軽に何度でも繰り返すことができます。

禅の「悟り」は回心の典型です。難しく思われがちですが、英語で書けばenlightenmentとか、awakeningです。ハッとする、目覚める、という意味です。ただし、この悟りにも、白隠やサルトルのような突然の、激しい悟りもあれば、徐々に「なあんだ、そうだったのか」とゆっくりの場合もあります。前者を「頓悟《とんご》」sudden enlightenmentといい、後者を「漸悟《ぜんご》」gradual enlightenmentといっています。

頭で考えて分かることは一般に「理解」といわれています。数学や技術や仕組み、あるいは相手の言い分を理解する、といったふうに使います。知識、知恵、理性、思慮の領域であり、仏教では「分《ふん》別知《べっち》」といっています。ドイツ語ならVerstandです。これに対して、宗教的・根源的な覚醒は「了解」「領解」といわれ、仏教では「りょうかい」でなくて「りょうげ」と読んでいます。「無分別の分別」とも呼び、「知恵」でなくて「智慧」と書きます。身体全体で納得することで、ドイツ語でもVerständnisと区別しています。

外に求めるな

この「悟り」や「回心」はどうやって体験できるでしょうか。禅の世界にはこんな話があります。昔、一人の木こりが「サトリ」という鳥を追いかけていた。サトリを見かけては斧《おの》を振り回して捕まえようとするが、利口な相手にいつもスルリと逃げられてしまう。ここと思えば、またあちら、という具合。疲れ果て、とうとうあきらめて斧を投げ出し、「ええい、ままよ」と自分本来の仕事に戻った。すると、空からポトリとサトリが落ちてきた、というのです。(12)

つまり、「外に求めるな」ということです。サトリだけでなく、神も仏も、先生も書物も、追いかけ回してはいけないのです。むしろ知識や分別の世界をしばし離れて、ゆったりと構えます。目をつぶって、坐禅の真似事をしてもよいでしょう。臍下丹田《せいかたんでん》といって、へその下十センチほどのところに意識を集中せよ、ともいいます。「人事を尽くして天命を待つ」の気分になることです。本当に全知全能の神ならば、向こうにだけ存在しているはずがありません。あなたの後ろにも、いや、へその下にもおられるはずです。無視しようが、臨済禅師の「殺仏殺祖《せつぶつせっそ》」に従って殺してしまおうが、それでも存在していなければなりません。哲学者・西田幾多郎《にしだきたろう》（一八七〇〜一九四五）の最後の著作「場所的論理と宗教的世界観」(13)にはこうあります。

《仏教に於て観ずると云ふことは、対象的に外に仏を観ることではなくして、自己の根源を照すこと、省みることである。外に神を見ると云ふならば、それは魔法に過ぎない》

この「外に求めるな」は、何かを対象として求めるな、という意味ですから、「内に向かっても求めるな」でもあります。心の中をあれこれ探すことでは、懐《ふところ》や背中にサトリをガサガサと探すことになってしまいます。外でもない、内でもない、となると、進退窮《きわ》まってしまいますが、そこで、さあ、ハッと気がつかなければならないのです。明治の思想家・清沢満之《きよざわまんし》は「有限無限録[14]」三四でこう書いていました。

《財貨ヲ依頼《タノ》メバ財貨ノ爲ニ苦メラル　人物ヲ依頼メバ人物ノ爲ニ苦メラル　我身ヲ依頼メバ我身ノ爲ニ苦メラル　神仏ヲタノメバ神仏ノ爲ニ苦メラル　其故何ソヤ　他ナシ「タノム」心ガ有相ノ執心ナレバナリ　之ヲ自力ノ依頼心ト云フ》

聖公会（プロテスタント）の伝道師でもあった詩人の山村暮鳥《やまむらぼちょう》（一八八四～一九二四）は晩年、東洋的世界に関心を示しました。連作「月」の中にはこんな詩を残しています。求める対象は前のほうではなく、知らない間に後ろに出ているのです[15]。

くれがたの庭掃除
それがすむのをまつてゐたのか
すぐうしろに
月は音もなく
のつそりとでていた

キリスト教は一神教と呼ばれていますが、公式の教義では「父（ヤーウェ）と子（キリスト）と聖霊」の三位一体の神に対する信仰です。このうちの父と子はわかるとして、三番目の「聖霊」がどんなものか、クリスチャンであっても上手に説明できる人は少ないでしょう。中世イタリアの絵画は天使やハトを使って表現しましたが、聖霊はそんなふうに天上から舞い降りてくるものでしょうか。私はむしろ、この章で述べてきた「気づく」ことを指していると思います。

『新約聖書』の「ルカによる福音書」に、《（砂漠で修行をしていた）イエスは聖霊に満ちて、ヨルダン川からお帰りになった》（四・一）という記述がありますが、この聖霊は上のほうからではなく、イエス自身の心の中に湧き上がってきた、という意味ではないでしょうか。無神論者のサルトルが先の『嘔吐』で記していた「天啓を得た」とも似た体験でしょう。表現方法や時代感覚の違いなのであり、日本のカトリック哲学者の中には「西田哲学における『場』と同じである」と説く人もふえています。[16]

このあたりについては、キリスト教神学では汎神論《はんしんろん》とか、万有在神論《ばんゆうざいしんろん》とかいった面倒な議論があるのですが、煩雑になるので省略します。ともかく、先ほどのエマソンも同じ随想で《なんじみずからを外に求むなかれ》と書いていますし、そもそもイエスは生まれるまでは「インマヌエル」（神は我々と共におられる）の名で呼ばれていたのです。[17]そして、私はムハンマドの『コーラン』を読んでいて、そっくりの言葉を見つけました。イスラーム世界の求めていることも同じなのだ、とうれしくなりました。

《東も西もアッラーのもの。それゆえに、汝らいずこに顔を向けようとも、必ずそこにアッラーの御顔がある。ことにアッラーは広大無辺、一切を知り給う[18]》

第7週

注

(1) 久松真一『無神論』(法蔵館、一九八一年) 所収。
(2) 芳澤勝弘訳注『白隠禅師法語全集』第七冊 (禅文化研究所、一九九九年) 参照。
(3) 玉城康四郎『悟りと解脱』(法藏館、一九九九年)
(4) 玉城康四郎『ダンマの顕現』(大蔵出版、一九九五年)
(5) 鈴木大拙編著『妙好人 浅原才市集』(春秋社、一九六七年) 所収。鈴木大拙『日本的霊性』(岩波文庫、一九七二年) にも詳しい紹介がある。
(6) 臨済『臨済録』上堂 (入矢義高訳注、岩波文庫、一九八九年)
(7) ジャン・ポール・サルトル『嘔吐』(白井浩司訳、人文書院、一九五一年)
(8) 河上肇「獄中贅語」(中央公論社『日本の名著』第四九巻所収、一九七〇年)。その思想については、古田光『近代日本の思想家9 河上肇』(東京大学出版会、一九五九年) が参考になる。
(9) ラルフ・エマソン「自己信頼」(入江勇起男訳『エマソン名著選・精神について』所収、日本教文社、一九九六年)。ヴァン・ミーター・エイムズ『禅とアメリカ思想』(中田裕二訳、旺史社、一九九五年) も参考になる。
(10) アブラハム・H・マスロー『創造的人間』(佐藤三郎・佐藤全弘訳、誠信書房、一九七二年)、同『完

全なる人間』（上田吉一訳、誠信書房、一九六四年）、脇本平也「回心論」（東京大学出版会『講座宗教学』第二巻所収、一九七七年）など参照。

（11）ウィリアム・ジェイムズ『宗教的経験の諸相』（桝田啓三郎訳、岩波文庫、上下、一九六九年）

（12）鹿野治助「禅の実践」（筑摩書房『講座　禅』第二巻所収、一九六七年）

（13）西田幾多郎『西田幾多郎哲学論文集Ⅲ』（上田閑照編、岩波文庫、一九八九年）所収。

（14）『清沢満之全集』第二巻（岩波書店、二〇〇二年）所収。

（15）『山村暮鳥詩集』（思潮社、一九九一年）所収。

（16）小野寺功『大地の哲学――場所的論理とキリスト教』（三一書房、一九八三年）、同『大地の神学――聖霊論』（行路社、一九九二年）参照。

（17）「マタイによる福音書」一・二三に《「見よ、おとめが身ごもって男の子を産む。その名はインマヌエルと呼ばれる。」この名は、「神は我々と共におられる」という意味である》とある。

（18）『コーラン』一〇九（井筒俊彦訳、岩波文庫、上巻、一九五七年）

第8週　浄土と神の国

宣長の仏教批判

江戸時代の末期、伊勢の松坂に生まれた国学者・本居宣長《もとおりのりなが》（一七三〇〜一八〇一）は、もともとは浄土宗の家柄でした。十九歳のとき、先祖代々の墓がある樹敬寺《じゅきょうじ》で「五重相伝《ごじゅうそうでん》」という研修会に参加し、生前法名《ほうみょう》を受けました。「南無阿弥陀仏」を毎日百回は称えることを誓って、《妄念はうき世のならひよしやよし　おこらはおこれなむあみた仏[1]》という歌も詠んだのです。その後、町医者になりますが、そのかたわら、自宅で「源氏物語」の講義を始めました。そして、三十代半ばから大著『古事記伝』の執筆に取り組み、日本の古典研究の基礎を築きます。

それで、念仏の誓いがどうなったかといえば、成長するにつれ、仏教ぎらいになったのでした。晩年には《さとるへき事もなき世をさとらむと　思ふ心そまよひなりける》《死ねはみなよみへゆくとはしらずして　ほとけの国をねがふおろかさ[2]》などと詠み、死後の浄土を説く浄土宗の教義をからかっています。七十二歳で亡くなる直前には、樹敬寺とは別に新しい墓所を定め、戒名も墓石もない神道式の塚を図面で遺しました。「人間は死後、どこに往《い》くのか」と弟子に問われて次のように答えており、死後は暗いだけの黄泉《よみ》の国に往くしかない、と考えていたようです。

《よみの国は、きたなくあしき所に候へども、死ぬれば必ゆかねばならぬ事に候故に、此世に死ぬる程悲しき事は候はぬ也(3)》

仏教をなぜ捨てたのでしょうか。哲学者の梅原猛《うめはらたけし》さんは『地獄の思想』という本で《仏教についてあまりに無知であり、ごく常識的に理解し、その常識にもとづいて仏教を批判した(4)》と書いています。私もそのとおりだと思います。

具体的には、「浄土」をどう見るか、という問題です。二十二歳のときに《此世をは露ときえてもかの国の　法の蓮《はちす》に結ふ玉のを(緒)(5)》と詠んでからずっと、宣長は最後まで「浄土とは、死後に生まれる世界」としか考えていなかったのです。江戸時代も末期となれば、地球が丸いことは常識になっていましたから、子どもだましの「西方浄土」など信じられるか、という気持ちだったでしょう。七十一歳になってからも、わざわざ《仏ふみよめはをかしき事おほみ　ひとりわらひもせられけるかな(6)》と詠んでいました。

そのほか、宣長の人生があまりに順調だったことも挙げられます。少年時代に父親とは死別しますが、賢い母がいて、医術を学ぶために京都へ遊学させてもらいました。そうした生い立ちでしたから、梅原さんは宣長の「源氏物語」研究が仏教の「暗い闇」を読みとっていないことを指摘し、《宣長の恋愛肯定論はなんと素朴で健康なことか。傷とか懐疑とかにもっとも縁遠い魂だった[7]》と述べています。つまり、宣長には生涯、仏教の大前提である「自己否定」がなかったのです。私の講義でいうならば、前回までの「堕ちる」「変わる」「気づく」といった話を聞かなかったことになります。

浄土は西にあるか

浄土経典「阿弥陀経」では、浄土の様子が、金銀、めのう、クジャク、オウム、そして妙《たえ》なる音楽などで飾り立てられて描かれています。

《極楽国土には、七宝《しっぽう》の池あり。八功徳《くどく》の水、その中に充満せり。池の底、純《もっぱ》らもって金沙《こんしゃ》を地に布《し》けり……》（中村元ほか校注、岩波文庫『浄土三部経』下巻所収）

現代ならば、ハリウッドの富豪の邸宅といった風情《ふぜい》です。この岩波文庫の解説も「クシャーナ王朝時代の富裕な資産家の生活欲求を反映している」と推測しています。では、その浄土世界はどこにあるのでしょう。じつは、これが大問題なのです。同じ文庫本に収められている「観無量寿経《かんむりょうじゅきょう》」によれば、ブッダは次のようにも語ったことになっています。大事なところなので、念のため、同じ本の現代語訳をあとに紹介しておきます。

《汝よ、いま知るやいなや。阿弥陀仏、ここを去ること遠からざるを。汝よ、まさに念を繫《か》けて、かの国を諦観《たいかん》すべし。浄業《じょうごう》を成ぜんためなり。われ、いま、汝のために、広くもろもろの譬《たとえ》を説き、また、未来世《みらいせ》の一切凡夫《ぼんぶ》、浄業を修せんと欲する者をして、西方の極楽国土に生まるることをえしめ

ん》（傍点は菅原）

（あなたは知っているであろうか。アミタ仏のいられるところがここから遠くないということを。あなたは思念を集中して、はっきりとあの仏国土を観想しなさい。それによって清らかな行ないができるようになる。わたしは今、あなたのために広く多くの譬喩《ひゆ》を説こう。そしてまたそのことによって、未来にあらわれる一切の生ける者どもの中で清らかな行ないをしようとする者が、西方の〈幸あるところ〉という世界に生まれることができるようにしよう）

極楽浄土は西の方角にある、かのようです。貴族も庶民もそう信じて、浄土思想は日本中に広がりました。

しかし、決定的に困ったことが起こります。一五四九年にフランシスコ・ザビエルらが鹿児島に到着し、「その西から私たちはやってきたが、そんな土地はなかったよ」と証言したからです。そして、イエズス会修道士になった日本人のハビアン不干斎《ふかんさい》が一六〇五年ごろ、仏教や儒教や神道を根本から論破する『妙貞問答《みょうていもんどう》』(8)という著作を残しています。もともとは臨済宗の学僧だっただけに、当時の仏教諸派の思想の様子がよく分かる内容です。

Q&Aの形式になっていて、「妙秀《みょうしゅう》」という尼僧が指南役の「幽貞《ゆうてい》」に尋ねていきます。妙秀の問いに応えて、幽貞（つまり、筆者ハビアンの分身）はまず、法相宗《ほっそうしゅう》、天台宗、日蓮宗、真言宗、禅宗などの概略を紹介し、「いずれの宗派も、霊魂や後生《ごしょう》（死後の世界）が実在するとは説いていない。本当に救われたいのなら、霊魂も天国もたしかに存在することを説くキリスト教しかない」と主張します。

ゴータマ・ブッダはもともと霊魂や死後の世界について黙して語りませんでしたから、ハビアンは「空《くう》」や「無」の仏教思想を正しく理解していたことになります。一方、当時のカトリックは天国や霊魂の「有」を強く説いていましたから、「死後に生まれ変わりたいなら、キリスト教しかない」という勧めはあたっていたでしょう。

　しかし、尼僧の妙秀は終わりになって「ワラハハ浄土宗ニテ念仏三昧ノ身ニテ侍《はべ》リ」と打ち明け、「わが浄土宗では、だれでも念仏を唱えれば西方浄土に生まれ変わる、と教えていますよ」と食いさがります。それを待って、指南役の幽貞は「浄土教の浄土といえども、じつは死後の世界のことではない」と説明します。その証拠として、浄土宗の酉誉聖聡《ゆうよしょうそう》（一三六六〜一四四〇）が「一枚起請見聞《いちまいきしょうけんもん》」[9]という文書で《往生トハ諸宗ノ悟道ノ異名ナリ》と書いていることを挙げています。東京・芝の総本山増上寺《ぞうじょうじ》を開いた高僧自身が「往生とは、他宗でいう悟りと同じことだ」と書いていたのです。

　この「浄土論争」は、ザビエル来航以前からあったようです。現在の浄土宗の主流でもある鎮西派《ちんぜいは》と呼ばれる人たちは、当時から「命終《めいじゅう》ノ後、マサニ往生スベシ」と死後往生を強調していました。しかし、西山派《せいざんは》と呼ばれる系統は「名号《みょうごう》（阿弥陀仏の名前）ヲ唱ル端的ガ、即、往生也」（念仏を唱えたその途《と》端《たん》に往生する）として現世往生を説いている、とハビアンは分析しています。さらには幽貞は「宣教師たちが乗ってきたような船で西へ西へと向かえば、元の港に戻ってきます。地球が丸いことは明らかで、西方十万億土とはどこを指すのですか。片腹痛いことです。西方極楽世界がないなら阿弥陀仏もないわけで、つまり浄土宗にも救いはないのです」と結論づけました。

浄土は死後のことなのか、生前のことなのか。私がお会いした僧侶を色分けすると、もちろん何の根拠もない数字ですが、法然上人を祖と仰ぐ浄土宗では九割以上、親鸞聖人を開山とする浄土真宗本願寺派（西本願寺）では八割以上、同じく真宗大谷派（東本願寺）では七割以上が、前者の「死後の浄土」を考えているように感じました。そして、残りの僧侶は「生前の浄土」を認めるか、あるいは迷っているかのようでした。

混乱の原因は、先の「観無量寿経」の記述にもあるのです。たしかに《西方の極楽国土に生まるることを得しめん》と書いてあります。西のかなたの、遠い遠い世界へいくのであれば、この身が生きている間に到達することは物理的に不可能です。そうなると、死んでから、ヒトダマか幽霊か、あるいは超能力者にでもなって、かの地に生まれ変わるしかありません。そう説いてこそ、お盆に迎え火をして「ご先祖さまを迎える」とする、日本の土着習俗との整合性もつくのでしょう。お寺にとっても好都合です。

しかし、同じ「観無量寿経」はすぐ前で《汝よ、いま知るやいなや。阿弥陀仏、ここを去ること遠からざるを》とも説いているのです。「すぐそばにある。どうして気づかないのか」と叱っているわけです。この文章を読むかぎりでは、それほど遠くにあるとは思えません。となると、生きている間に体験する道がないともいえません。

そもそも、死んでから往生するのであれば、その主体は何でしょうか。ヒトダマや幽霊を実体として認めることになれば、いかなる存在も不変の本質を持たないことを説く「諸法無我《しょほうむが》」の仏教とは相容れなくなります。

死後か生前か

私の家は先祖代々、岩手県江刺市にある浄土宗の檀家でした。しかし、父が若いときに故郷を出たこともあって、私自身はお寺に無縁で育ちました。高校や大学のころは、キリスト教、マルクス主義、実存主義に関心を持ち、その後、鈴木大拙《だいせつ》の『禅の思想』(10)などを読んで仏教の一端を知りました。禅関係の本は少しずつ読んでいたのですが、その大拙先生がしばしば浄土教に触れていることは不思議でした。(11)若かった私には、極楽や西方浄土を実体として考える教えが噴飯ものに思えたからです。「そんなものは、無や空を説く仏教とは相容れないではないか」と考えていました。

四十歳を過ぎて、たまたま、ふたたび大拙先生の本を手にしました。そして、ふと疑問がわいたのです。「もしや、ここでいわれている『浄土』とは、死後のことではないかもしれない」というひらめきでした。ほとんどの仏教書には死後のことのように書いていますので、しばらくは暗中模索でしたが、次第に「この世での話に違いない」と思うようになりました。その後、浄土宗光明寺法主だった藤吉《ふじよし》慈海《じかい》(一九一五~一九九三)の著作(12)なども読んで、死後往生や西方浄土を強調する浄土観が中世日本の逸脱だったことを知りました。

五十歳を過ぎて「こころ」のページの担当記者になり、これぞと思う先生には「浄土はどこにあるのですか」とお会いするたびにうかがいました。まず、龍谷大学学長を退任していた信楽《しがらき》峻麿《たかまろ》さんに疑問を打ち明けますと、身を乗り出して「そこなんだよ、キミ」とうなずかれました。

浄土思想研究の第一人者である石田瑞麿《みずまろ》さんの自宅を訪ねますと、微笑んで「その道を進みなさい」と励ましてくださいました。そして、皮肉っぽく「浄土の理解となると、江戸時代の教学から脱皮できない僧侶がまだまだ多い。学者でも肝心なところで歯切れが悪くなりますね、なぜか」と笑っておられました。

鎌田茂雄・東京大学名誉教授は、江戸時代の禅僧・白隠慧鶴《はくいんえかく》が書いた仮名法語『遠羅天釜《おらでがま》』の一読を勧めてくださいました。「往生とは禅の見性《けんしょう》と同じ」とする白隠はこう書いていました。現代語訳で紹介します。

《残念なのは、今時の念仏行者は、ややもすると、仏さまのおられる浄土は西方にあるものと信じ、自己の心源こそが真の西方浄土だという、ほんとうの教えが分かっていないことである。念仏の功徳によって、死後には空を飛んで西方に行きたいと願っているのだが、そういうことでは一生、往生の素懐を遂げることはあるまい(13)》

そのほか、坂東性純《ばんどうしょうじゅん》・元大谷大学教授ら、多くの先生に教えられて、「浄土」とは自分自身の「心のありよう」のことだ、と理解できるようになりました。これまで説明してきたように、絶望の末にハッと気がつき、新しく生まれ変わった喜びをいうのです。浄土宗増上寺の開山・酉誉上人が「往生トハ諸宗ノ悟道ノ異名ナリ」と書いていたように、まさに回心の瞬間、真理に触れたときの感動であり、禅の悟りと同じ世界を指すわけです。

一般に「往生」は「死ぬ」という意味で使われていますが、石田瑞麿著『往生の思想』[14]によれば、もともとは《阿弥陀仏の極楽に往《い》って、その蓮華の中に生まれる》という意味です。となると、今度は「極楽」の意味が問題になりますが、それは「すばらしい真実の世界」ということであり、死後の世界とは限りません。清少納言の『枕草子』[15]の第百六十段には《遠くて近きもの。極楽。船の路《みち》。人の仲》とあります。浄土宗の「宗歌」にもなっている法然上人の《月かげのいたらぬさとはなけれども　ながむる人の心にぞすむ》(『続千載和歌集』)という歌も、だれもが「すばらしい真実の世界」に往く可能性が、いま、遠くないここにあることを示唆しているように思います[16]。

この問題では、多くの方々と、なかでも浄土宗の中堅研究者とは激しく議論をしました。私は「浄土はここにあり」と主張したのですが、先方は宗門の名前にもかかわる問題であり、「それは異端です」としかられました。「人間は生きている間には悟れないものであり、死んでから初めて往生できるのだ」という意見だったように思います。そして、夜が更けるころ、名誉にも「あんたは天敵じゃなあ」といわれて散会したのでした。

有形の「神の国」

先ほど、日本人修道士ハビアンが「本当に救われたいのなら、天国がたしかに存在することを説くキリスト教しかない」と論じていたことを紹介しました。現在も、大多数のクリスチャンはそう考えているでしょう。しかし、その「天国」とも「神の国」とも「神の支配」とも呼ばれる世界は、いったい、どんな様子でしょうか。

ローマのバチカンにあるシスティナ礼拝堂を訪ねると、高い天井にはミケランジェロの「アダムの創造」が描かれ、雲の上にいる髭の生えた老人が空から地上のアダムに手を差し伸べていました。神は本当にそんな姿なのでしょうか。

ソビエト連邦が初めて人間の宇宙飛行に成功したとき、帰還した飛行士に当時のフルシチョフ首相が「ところで、きみ、宇宙からは神が見えたかね」と尋ねました。飛行士が「いいえ、見ませんでした」と答えると、やや単純な唯物論者は満足そうに「やはり、そうじゃろう」とうなずいたそうです。どこまで本当の話かわかりませんが、ソビエト政権が崩壊して間もないモスクワで、教会関係者から聞いた話です。

神の姿はわからないにしても、せめて天国がどんな世界なのか、知りたいところです。じつは、先の「阿弥陀経」とそっくりな「天の都」の描写が、『新約聖書』の「ヨハネの黙示録」にもあるのです。

《都の城壁は碧玉《へきぎょく》で築かれ、都は透《す》きとおったガラスのような純金であった。都の城壁の土台石は、あらゆる宝石で飾られていた。第一の土台石は碧玉、第二はサファイア、第三はめのう、第四はエメラルド、第五は赤縞《あかしま》めのう、第六は赤めのう、第七はかんらん石、第八は緑柱《りょくちゅう》石、第九は黄玉《おうぎょく》、第十はひすい、第十一は青玉、第十二は紫水晶であった》（二一・一八～二〇）

まるで宝石店の店先ですが、だれかが空想をたくましくして書いたのでしょう。こういう世界を思い描いていたかどうかは分かりませんが、イエスが亡くなって間もないころのキリスト教徒たちは、ローマ帝国などの支配体制が崩れて、正義の行われる「神の国」がきわめて近い未来にやってくる、と本気で信じていたようです。

その期待は裏切られたのですが、その後も、この世に「神の国」を建設しよう、という運動は繰り返し現れました。現代でも、「神の国」を経済的平等や政治的自由の獲得を目指す根拠のように考える人は少なくありません。腐敗や不正のはびこる時代には、こうした「あるべき理想郷」は抑圧されている人々に勇気を与えるものです。この世に「浄土」を建立《こんりゅう》しようとした日蓮聖人も、鎌倉幕府の権力者に「立正安国論《りっしょうあんこくろん》」(17)を提出していました。

だれがどんな「神の国」や「浄土」を願ってもいいのですが、死後に往く世界という解釈も、実現すべき社会とする説明も、私にはあまり魅力がありません。死後のことをいくら考えても、それは空想の域を出ません。幼稚園児に話すような世界を、いまさら信じられるわけがありません。また、社会を改革するために理想を持つことは大切ですが、それは宗教でなく、経済学や政治学から具体的に考えられるべきです。その「理想郷」では経済成長率が何パーセントで、選挙制度は比例代表制か、といったふうに論じなければなりません。『新約聖書』の「マルコによる福音書」にある《時は満ち、神の国は近づいた》(一・一五)という言葉と、「社会主義革命は近づいた」というスローガンとは、次元が違う話でしょう。

感動の表現として

先の「ヨハネの黙示録」にある宝石店のような描写は、イエス没後の一世紀末に書かれた文章です。古代ユダヤ人の多くはそうした「神の国」を夢見ていたかもしれませんが、イエスその人がそう考えていたわけではありません。イエス自身は何度も「神の国」を語っていますが、むしろ、次のような不思議な言葉で説明しているのです。

《神の国を何にたとえようか。どのようなたとえで示そうか。それは、からし種のようなものである。土に蒔《ま》くときには、地上のどんな種よりも小さいが、蒔くと、成長してどんな野菜よりも大きくなり、葉の陰に空の鳥が巣を作れるほど大きな枝を張る》（「マルコによる福音書」四・三〇〜三二）

カラシダネは、野菜を漬けるときに香辛料や防腐剤として用いられる植物で、直径一ミリ程度の種から大きく成長し、イスラエル周辺では三メートルに達することもあるそうです。しかし、これで「神の国」の意味が分かったでしょうか。イエスの弟子たちも、後世の人たちも、ますます分からなくなったかもしれません。

「神の国」が何を意味するのか、その後、二千年近くにわたって神学者たちが議論を重ねてきました。大まかにいえば、遠い世界のことなのか、あるいは身近にあることなのか、という論争です。二十世紀になってからは、「神の国」を静的な実体としてでなく、日々変化していく「過程」として考える「プロセス神学」も登場しました。また、仏教や西田哲学を背景にした日本の神学は世界的に注目さ

れており、私の場合、八木誠一《やぎせいいち》、高尾利数《たかおとしかず》といった方々に勉強させていただきました。(18)

イエスの説いた「神の国」は、仏教の「浄土」と同じように「心のありよう」を伝える言葉ではなかったか、と私はにらんでいます。絶望の末にハッと気づく世界、新しく生まれ変わった感動のことです。第四週の授業で紹介した、八木重吉の題名のない詩をふたたび読んでみましょう。

このかなしみを
よし　とうべなうとき
そこにたちまちひかりがうまれる
ぜつぼうとすくいの
はかないまでのかすかなひとすじ

初めのうちは、カラシダネのように小さくて、はかない一筋の光ですが、そのうちに喜びはムクムクと大きくなり、この世界を新しく見直せるようになります。「ルカによる福音書」一七・二〇〜二一にも、イエスのこんな言葉が載っています。

《ファリサイ派の人々が、神の国はいつ来るのかと尋ねたので、イエスは答えて言われた。「神の国は、見える形では来ない。『ここにある』『あそこにある』と言えるものでもない。実に、神の国はあなたがたの間にあるのだ」》

この言葉も解釈はいろいろですが、「神の国」が死後や将来のことでないことだけは分かります。「ヨハネの黙示録」に描かれたような形ある世界の描写ではなく、むしろ「気づく」ことを通して得られる、生き生きとした「心のありよう」を示している、と私は思います。砂漠を背景に生まれたキリスト教と、森の豊かな地域で生まれた仏教とでは、表現やイメージはかなり違いますが、発想は似ているのです。偉大な開祖とその後継者たちは比喩を通して、彼らなりに「異次元の世界」を語っているわけです。

イエスの「あなたがたの間にある」という言葉を聞いて、第七週に私が紹介した『臨済録』の《赤肉団上に一無位の真人有って、常に汝等諸人の面門より出入す。未だ証拠せざる者は看よ看よ》を思い出した方もいたのではありませんか。そうなのです。臨済和尚も「ほら、真理はお前たちの中にあって、顔の真ん前から出入りしているではないか。まだ見届けていない者は、さあ、見てみろ、見てみろ」といっていたのです。ところが、これがなかなか理解されません。弟子がトンチンカンな質問をするので、臨済はさっさと退室してしまった、と記されています。

イエスの十二使徒たちも分からなかったようです。さすがの先生もいらだったのでしょう。四つの福音書の中で合計八回も「分からないのか」と叱っていました。さあ、どうすれば「神の国」や「浄土」を理解できるでしょうか。イエスは《これらのことを知恵ある者や賢い者には隠して、幼子《おさなご》のような者にお示しになりました》（「マタイによる福音書」一一・二五）といっています。小賢《こざか》しい知識や分別にとらわれないで、子どものように素直に世界をみなければいけない、というのです。

非神話化

ドイツの神学者ルドルフ・ブルトマン（一八八四〜一九七六）が一九四一年に発表した『新約聖書と神話論[19]』は、「非神話化論争」として神学界に論争を巻き起こしました。聖書にある神話や寓話をどう解釈すべきか、こんな文章が並んでいます。

《もはやわれわれにとって、古い意味の「天」というものはまったく存在しないのである。おなじように、陰府《よみ》、すなわちわれわれが立っている地表の下方なる神話的下界なるものは存在しない》

《神話の本来的の意義は、客観的な世界像を与えることには存しない。むしろ神話は、人間自身が、自己の世界において、自己をいかに理解しているかということを言いあらわしている。神話は、宇宙論的でなく、人間学的に、むしろ実存論的に解釈されることを欲しているのである》

古代の人々にわかりやすく比喩として話された「天国」とか「地獄」といった言葉は、科学の発達した現代ではかえって、真意を理解するためのつまずきになる。しかし、それでイエスの言葉が無価値になったかといえば、そうではない。語りたかった本来の意味は何か、そこを深く汲み取らなければならない、といっているのです。

このブルトマンの「非神話化」という提言は、まだまだ受け入れられていません。アメリカ南部の教会には、ダーウィンの進化論を否定する人たちが大勢います。人類はアダムとイブの子孫である、という『旧約聖書』の「創世記」をまともに信じているようです。イエスの真意はそんなところにないだろうに、これではキリスト教をますます時代遅れの迷信と思わせてしまいます。

むしろ、日本の仏教学者のほうがブルトマンを受け入れています。仏教には次週に詳しく述べる「方便《ほうべん》」という布教論があるからです。大衆に分かりやすく説明するには、大胆な比喩やフィクションを使ってもかまわない、という伝統です。「浄土三部経」だけでなく、「法華経」にも「維摩経《ゆいまぎょう》」にも「方便」がたくさん登場してきます。

そうはいっても、死んだあとには、できれば地獄ではなく、浄土や神の国に生まれ変わりたい、などと願う人は多いでしょう。しかし、何度も述べてきたように、だれも地獄や極楽から還ってきた人はいないのですから、「ある」とも「ない」ともいえないはずです。それならばいっそ、死後のこととしてではなく、生きている間に到達できるかもしれない世界としての「浄土」や「神の国」を、とりあえず目指してみてはどうでしょうか。

そして、小躍《こおど》りしたくなるような「異次元の世界」をついに垣間《かいま》見ることができたなら、そのときは死後の心配など、どうでもよくなっているでしょう。平安時代後期の今様《いまよう》を集めた後白河法皇撰の『梁塵秘抄《りょうじんひしょう》』(20)には、こんな歌も収められています。

極楽浄土は一所《ひとところ》
つとめなければ程《ほど》遠し
われらが心の愚かにて

近きを遠しと思ふなり

注

（1）「栄貞詠草」（筑摩書房『本居宣長全集』第十五巻所収、一九六九年）
（2）「詠稿」（前掲『本居宣長全集』第十五巻所収）
（3）本居宣長「鈴屋答問録」（村岡典嗣校訂『うひ山ふみ・鈴屋答問録』所収、岩波文庫、一九三四年）
（4）梅原猛『地獄の思想』（中公新書、一九六七年）
（5）前掲「栄貞詠草」
（6）前掲「詠稿」
（7）前掲『地獄の思想』
（8）井手勝美ほか校注「妙貞問答」（海老沢有道ほか編『キリシタン教理書』所収、教文館、一九九三年）
（9）酉誉聖聡「一枚起請見聞」（山喜房佛書林『浄土宗全書』第二十一巻所収、一九七二年）
（10）鈴木大拙「禅の思想」（岩波書店『鈴木大拙全集』第十三巻所収、一九六九年）
（11）鈴木大拙「浄土系思想論」（前掲全集第六巻所収、一九六八年）など。
（12）藤吉慈海『現代の浄土教』（大東出版社、一九八五年）など。
（13）白隠慧鶴『白隠禅師法語全集』第九冊（芳澤勝弘訳注、禅文化研究所、二〇〇一年）所収。
（14）石田瑞麿『往生の思想』（平楽寺書店、一九六八年）
（15）『枕草子』（萩谷朴校注『新潮日本古典集成』第十二巻、新潮社、一九七七年）
（16）一遍上人まで含めた浄土思想については、柳宗悦『南無阿弥陀仏』（岩波文庫、一九八六年）が参考になる。

（17）日蓮「立正安国論」（岩波文庫『日蓮文集』所収、兜木正亨校注、一九六八年）
（18）ジョン・カブ、D・グリフィン『プロセス神学の展望』（延原時行訳、新教出版社、一九九三年）、八木誠一『イエスと現代』（NHKブックス、一九七七年）、高尾利数『聖書を読み直す』I・II（春秋社、一九八〇年）など参照。
（19）ルドルフ・ブルトマン『新約聖書と神話論』（山岡喜久男訳、新教出版社、一九九九年）
（20）『梁塵秘抄』（榎克朗校注『新潮日本古典集成』第三十一巻、新潮社、一九七九年）

第9週　建てる

ブータンにて

ヒマラヤ山脈の南にあるブータンを訪ねたことがあります。個人ではなかなか足を踏み入れにくい国ですが、たまたま財団法人・仏教伝道協会の企画した旅行があり、参加したのです。タイのバンコクを経て、高度二千四百メートルの山間の飛行場に着きます。首都ティンプーなどで五日ほど過ごしましたが、現代の日本人が忘れてしまった純朴さが残る、かわいらしい国でした。

ブータンの政府や仏教界の厚意で、私たち一行は外国人の参観があまり許されていない僧院なども見学できました。しかし、男女の交合を描いた「歓喜仏」などもあり、これが同じ仏教かなあ、とも思いました。

どこの寺院の門前にも大小の「マニ車」というものが並んでいました。円筒状の樽のような形で、上下に心棒が通っており、回転する仕掛けになっています。参詣に来た善男善女はまずマニ車に手をのばし、ぐるりと回してから門をくぐります。チベット文字で経典が刻んであり、一回転させると、その経典を読んだことになるのだそうです。そのミニチュア型もあり、老人たちが日本のでんでん太鼓のように手で持って、くるくると回しながら往来を歩いていていました。

私たちは当初、そんな安直な仏道修行があっていいものか、と思いました。いくらか蔑《さげす》む気持ちも起きました。しかし、滞在も三日目くらいになると、納得できるようになりました。チベット仏教には千年以上の歴史がありますが、王侯貴族や僧侶を除いて、民衆の大多数は文字が読めませんでした。僧侶の説教を聴くことはできても、自分自身で経典を読むことはできません。そんな制約の中から、マニ車を回して仏法に触れる、という方法が考え出されたと思われます。

いっしょに訪れた浄土真宗の住職さんが「そうか、マニ車はお念仏と同じなんだ」というと、日蓮宗の尼僧さんが「つまりお題目ということね」と応じました。日本の仏教も、はじめは漢文が読める貴族だけのものでした。しかし、鎌倉新仏教が生まれ、庶民も参加できる救いの道として、「南無阿弥陀仏」の念仏や「南無妙法蓮華経」の唱題が広まり、朝に夕に仏を思う習慣が定着していくのです。ブータンの人たちも、ミニチュア型のマニ車を回せば、行住坐臥《ぎょうじゅうざが》、いつでもどこでも仏法に触れることができます。農作業や牧畜の合間に、あるいは山道を歩きながら、マニ車を使った仏道三昧に浸れるわけです。このことに気がついた私は、土地の背景や歴史を何も知らないまま、一瞬でも蔑む気持ちを抱いたことが恥ずかしくなりました。

似たものとして、仏教には数珠《じゅず》もあります。本来は念仏や陀羅尼《だらに》を唱えるときにその回数を数えるためのものですが、つねに手に巻いていることで仏道に日々親しむ効用があるようです。キリスト教史の研究によると、数珠はインドから西欧にも伝わり、ロザリオになったとみられています。東西の信仰心には共通点があるわけです。

玉城先生の仏像

七週目の講義で、玉城康四郎さんの「回心《えしん》」について紹介しました。《何の前触れもなく突然、大爆発した》ということでした。すばらしい瞬間ですが、じつはその続きがあるのです。《(その興奮は)一週間ほど続いたであろうか、それからだんだん醒《さ》めてきて、十日も経つとまったく元の木阿弥《もくあみ》になってしまった。以前となんら変わることはない、煩悩《ぼんのう》も我執《がしゅう》もそのままである[1]》というのです。古今の書物をひもとき、静かに禅定《ぜんじょう》も重ねてきた玉城先生でさえ、「覚」の状態を持続することは容易でなかったわけです。

魑魅魍魎《ちみもうりょう》の世界を克服し、仏法に目覚めても、それで人生が完成するわけではありません。白隠禅師も「八重葎《やえむぐら》」という書物で《大悟十八度、小悟数を知らざる程の大歓喜有るも、真正の知識にまみへず、悟後《ごご》の修行を伝へず、菩提心《ぼだいしん》無きは皆 尽《ことごと》く邪道におつ[2]》と記して、悟ったあとの修行の大切さを説いています。

玉城さんは八十三歳で亡くなるまで、毎朝、起きたあとで、そして毎晩、眠る前に、それぞれ三十分ほど、静かに坐って禅定に入っていました。生前、その六畳ほどの部屋を見せていただいたことがあります。書物が山のように積まれた片隅に一畳足らずの空間があり、そこに坐布《ざふ》を置いて足を組みます。

おもしろかったのは、その前の床の間に三十センチほどの黒い観音像が置かれていたことです。別の部屋で坐るときは、阿弥陀像の前となるそうです。ただ禅定に入るなら、白壁に向かってでもかまわないはずですが、なぜ観音さまや阿弥陀さまを置いていたのでしょう。詳しくお聞きはできませんでしたが、たぶん、意識を集中するための何かがそこにほしかったのです。まず仏像を見つめつつ、何ものにも捉われない世界に没入していったのだろうと思います。

「金剛般若経《こんごうはんにゃきょう》」[3]には《応無所住而生其心《おうむしょじゅうにしょうごしん》》という言葉があります。「まさに住する所無くして、しかもその心を生ずべし」と読み下して、意味は「何事にもとらわれないで、しかも心は起きていよ」というのです。仏教の真髄は「空」ですから何ものにも捉われないことは当然なのですが、そうはいっても凡夫《ぼんぷ》はなかなか落ち着けません。目をつぶってもすぐ雑念に捉われます。「無、無、無」と繰り返していても、「無」という名のサタンや魔性が現れてきます。臨済の「殺仏殺祖《せっぶつせっそ》」が分かっていても、怪しげな仏や物知り顔の祖師が誘惑してきます。それを防ぐためには、白壁や虚空でなく、仏像でも棒きれでも、意識を集中させる何かがほしいところです。そうした訴えが多くなって、原始仏教の時代は否定されていた仏像が、ヘレニズムの影響の下で作られるようになったのでしょう。[4]

一般に、宗教には「あえて……する」という要素があります。たとえば、山野を歩きまわったり、滝に打たれたり、断食《だんじき》したり。わざわざそんなことをしなくても、と思いますが、当人たちはあえて励んでいるのです。あえて題目を唱える、あえて肉食をしない、あえて葬式や法事をする、あえてブドウ酒を飲む……。宗教とはそもそもが「あえて、神や仏を受け入れる」という態度から生まれたともいえます。存在するかしないか、疑いがないわけではないが、ま、とりあえず、手を合わせてみるか、という姿勢から始まるわけです。このあたりが、哲学とは違う宗教のおもしろさでしょう。「わざわざ『あえて』など、面倒ではないか」という反論もあるでしょう。そうかもしれませんが、でも、この世の中には「あえて」ということは意外に多いものです。たとえば、サッカーではなぜ手を使わないで足だけで蹴るのでしょう。あえて、そうした規則を作って楽しんでいるのです。手でボールを持って走り出してもよさそうなものですが、それではおもしろくありません。あえて手を合わせる。あえて念仏を称える、あえて十字を切る。こうした「あえて」に大人らしい余裕や豊かさを感じるのですが、いかがでしょうか。

方便ということ

浄土系仏教の「阿弥陀仏《あみだぶつ》」は、サンスクリット語のアミターユス（Amitayus　無量寿、無限の時間）と、アミターバ（Amitabha　無量光、無限の空間）のことで、つまりは「無限」のシンボルです。数学の記号で表すならば、高校時代に習った「∞」の意味になります。極大や極小に行き着き、さらにもっと先まで思いをはせ、それでも絶対に届かない世界です。私たちは無限の過去からやってきて無限の未来へ消えていきます。また、四方八方へ無限に広がる宇宙空間の中に浮遊してもいます。

この「無限」という世界に投げ出されていることに気がつくと、あまりにも小さな自分に気が遠くなります。しかし、ただ途方に暮れていても日々の暮らしは成り立ちません。とりあえず、無限と仲良くして、無限の中に生きることを受け入れなければなりません。そこで、だれかが考えたのでしょう。わが身の平安を保つために、つかみどころのない「無限」をあえて人格的存在に置き換えてみたのです。それが阿弥陀仏の発見でした。

同じような工夫の中から、シンボルとしての如来や菩薩が次々に創られていきます。密教の「大日《だいにち》如来《にょらい》」は「ダルマ(法)」、つまり真理の人格化です。観音菩薩は、「観自在《かんじざい》」ともいわれるように「何事を観《み》るにも自在である」「何事にもとらわれない」ことの象徴です。こうした無限とか真理とか自在といった抽象的な概念を、人間の創った架空の存在であることを承知で崇めていくわけです。

このように創作された説話や象徴を、仏教では「方便《ほうべん》」といっています。サンスクリット語では「ウパーヤ upāya」で、接近する、到達する、という動詞から生まれた言葉だそうです。「うそも方便」などと使われて悪く考えられがちですが、じつはもっと前向きで、衆生を導くためのすぐれた教化方法、巧みな手段、という意味です。そして、方便によって人格的な姿にまで高められたシンボルを「方便法身《ほうべんほっしん》」ともいっています。

このような考え方は、キリスト教にはないように思います。少なくとも、ぴったりの英語はありません。英語の仏教語辞典には expediency, means, skillful means or device, device, skillfulness, accommodations, といった訳語が並んでいますが、どれも少し違う感じです。

同じように人間に近い姿をしていても、「方便」として創られた仏や菩薩と、あくまで「実体」として信じられている神（あるいは神々）とでは、当然ながら性格は違ってきます。絶対者である「神」からの命令は厳しく感じられるでしょうが、もともと方便にすぎない「阿弥陀仏」などの声は穏やかに聞こえるはずです。絶対的権威を持つ神（神々）の命令ならば、仮にそれが倫理・道徳の話であっても、侵略戦争についてであっても、哀れな人間は従うしか道はありません。しかし、仏や菩薩の声が聞こえたとしても、それはもともと人間が創作した方便法身ですから、それほど厳しく感じられないでしょう。浄土真宗本願寺派系の龍谷大学で学長を務めた星野元豊《ほしのげんぽう》（一九〇九～二〇〇一）は、論文「非神話化と浄土真宗」[5]でこう書いていました。

《阿弥陀仏への帰依《きえ》と浄土への願生《がんしょう》が偶像崇拝と異なるところは、それがその本来的な目標ではなくして、あくまで方便であるということである。偶像崇拝はそれが本来的な目標であるのに対して、方便法身はそれが本来的な目標でないところにある》

ちなみに、浄土教には「他力本願《たりきほんがん》」という言葉があります。しばしば「自分では努力しないで他人の助けをあてにすること」という意味で使われますが、これはまったくの間違いです。本来は「自分の力（自力）を超えた阿弥陀仏の光に自己を照らされて生きていく」、つまり「無限の時間と空間の中に自分を置いてわが身を見つめなおす」ということです。自分以外の存在をあえて「建てる」ことで、自分を謙虚にするわけです。どうして自分自身の力ではいけないのか、と思われるかもしれませんが、自己の限界を知りつつ生きてこそ、成功をおごらず、絶望を恐れず、という態度も育つのではないでしょうか。真宗大谷派親鸞仏教センター所長の本多弘之さんはこう述べています。

《南無阿弥陀仏と念じたら、そこに改めて自分が立ち上がってくる。自我を立てる必要もないし、理性に執着する必要もない。気楽なものです。念仏一つで生きていればいい。そういうのが一点開けて、それから改めてこの人生を本当に生きようと。そうすればどんなことも自分にとって念仏生活を励ます縁になってくる。新しい意味を持って蘇ってくるのですね[6]》

建神主義

こうした「方便」は仏教独特の発想ですが、「神はあえて存在しなければならない」とか「神が必要である」という考えはキリスト教圏にもあるようです。たとえば、帝政ロシア時代の作家レフ・トルストイ（一八二八〜一九一〇）に『イワン・イリッチの死[7]』という短編があります。主人公は善良な公務員ですが、不治の病で死期の近いことを知ります。家族や友人は「じきに良くなるよ」といった気休めをいうだけで、患者本人の気持ちは理解してくれません。痛みがひどくなって落ち込んでいるときの心境を、作者はこう描写していました。

《彼は、病気の子供でも憐れむようなぐあいに、誰かから憐れんでもらいたいのであった。子供をあやしたり慰めたりするように、撫《な》でたり、接吻したり、泣いたりしてもらいたい。彼は自分が偉い官吏で、もう髯《ひげ》も白くなりかかっているのだから、そんなことはできない相談だと承知しながらも、やはり、そうしてもらいたかったのである》

主人公はとくに信心深くもなかったのですが、いざ死期が近づくと、妻や友人ではない、もっと大いなる存在に慰めてもらいたくなります。死が怖いというよりも、一人で旅立つことが不安になったのでしょう。信仰なしで生き抜いてきた人でも、この局面では同じ気持ちになるのかもしれません。そして、トルストイは、最期の瞬間にはイワンが光り輝くものに包まれて旅立つように、空想たくましく描いていました。

十九世紀後半のヨーロッパは、蒸気機関車が走り、科学の限りない発展が約束されていた時代でした。一方で、産業革命の中で貧富の差が拡大し、労働者の不満も高まっていました。ロシアでは、「科学的社会主義」を目指す革命家たちが「宗教は迷信であっていずれは滅びる、いや、滅ぼしてこそ革命は成就する」などと語りあっていました。

しかし、その仲間である劇作家マクシム・ゴーリキー（一八六八〜一九三六）は疑問を感じていました。一九〇二年に書いた戯曲『どん底』[8]では、登場人物の巡礼者ルカに《この世には誰かしら、親切な者もいなくちゃねえ……人間を憐れんでやる者がな！》という台詞《せりふ》をいわせています。木賃宿《きちんやど》に集まってくる、食べ物も未来もない底辺の人たちのために、何らかの「救い」が必要であることを書き込んだのです。一九〇七年に発表した長編小説『母』[9]でも、《とうとい祭壇を空っぽにしておいちゃいけない。（中略）新しい信仰を考え出さなくちゃならない……みんなの友となるような神様を造り出す必要があるんだ！》という言葉を挟んでいます。

共産党員ゴーリキーは一九一七年の十月革命が成功したあとも、あえて「新しい神を建てよう」と提言しました。しかし、この「建神主義《けんしんしゅぎ》」と呼ばれた思想は、指導者レーニンらに相手にされないまま、ソビエト社会から抹殺されました。各地で教会は破壊され、一部は倉庫などに転用されました。一九九一年にソビエト政権が倒れて間もないころ、私はモスクワやサンクトペテルブルクを訪ねました。七十年間の唯物論社会が何を残し、何を奪っていたか、見ておきたかったのです。

予想どおり、人々は宗教を求めていました。理由はさまざまでしょうが、たとえば「死」という問題を唯物論は解決できなかったのです。ホスピス運動を始めていた医師や神父に会ってみると、口々に「ソビエト時代の病院では、死期が近づいた患者はモルヒネを多めに持たせて自宅に帰していました。医師も看護婦も、彼らを何と慰めていいのか、言葉がありませんでしたから。唯物論国家での病院は公営ですから、神や天国を語ることは禁じられていたのです」と話してくれました。先のイワン・イリッチの「誰かから憐れんでもらいたい」といった願いは、無視されていたわけです(10)。

新生ロシアを訪ねてみて、唯物論社会は危うい、と感じたことがもう一つあります。オウム真理教のようなカルトがロシア中に広がっていたからです。ソビエト政権全盛の時代からずっと、陰ではさまざまな迷信や呪術がはびこっていたそうです。「とうとい祭壇を空っぽにしておいちゃいけない」というゴーリキーの心配があたっていたわけです。その「空っぽの祭壇」には、オウム真理教が造ったハリボテのシバ神とか、スターリンや毛沢東や金日成といった権力者が、とかく飾られるものです。

むしろ、神などの「超越者」を建ててこそ、政治の面で前進する場合があります。アメリカの独立宣言は《われわれは、自明の理として、すべての人は平等に造られ、造物主によって、一定の奪いがたい天賦の権利を与えられ、そのなかに生命、自由および幸福の追求の含まれることを信ずる》[11]と述べています。「造物主」、つまり神を持ち出すことで、イギリスの王権を批判し、人間としての権利を主張しえたのです。今日でも、臓器移植や環境破壊といった問題では、あえて超越的存在を持ち出すことで人間の傲慢さや科学の行き過ぎを反省できるかもしれません。

なお、ゴーリキーの「建神主義」と似た発想としては、フランスの思想家ジャン・ジャック・ルソー（一七一二〜一七七八）が、一七六二年に書いた『社会契約論』[12]の中で「市民宗教」を提唱していました。キリスト教と似かよった信仰ですが、聖書の奇跡物語などを排除した理性的な宗教を考えていたようです。

「人間が神を創った」

十九世紀ドイツの宗教哲学者ルートヴィヒ・フォイエルバッハ（一八〇四〜一八七二）は主著の『キリスト教の本質』[13]で、《神が人間を創ったのではなく、人間が神を創ったのだ》と宣言しました。「投影理論」と呼ばれており、こう説明しています。

《神は人間の内面があらわになったものであり、人間の自己がいいあらわされたものである。宗教とは人間のもっているところのかくされた宝物が厳粛に開帳されたものであり、人間の最も内面的な思想が白状されたものであり、人間の愛の秘密が公然と告白されたものである》（傍点は原文による）

神を実体として考えるユダヤ教やキリスト教やイスラームの人たちには、この「人間が神を創った」という話は大いに困るかもしれません。しかし、仏教者にとっては、それほど違和感がないはずです。前述のように、阿弥陀仏や大日如来が「方便」であることは承知のうえだからです。ともかく、フォイエルバッハによれば、神とはまず、人間が「かくありたし」という願望の表象《ひょうしょう》でした。しかし、時間がたつにつれて、人間から独立した存在となってきます。いわば方便だったはずの神が客体化され、人間から離れていきます。それにつれて、宗教は次第に硬直化し、形骸化し、それがイデオロギーにもなってきます。今度は人間がそれにとらわれ、支配されるようになる……。

たとえば、靖国神社の問題を考えてみてください。戦争でわが子や夫、あるいは親や友を奪われた遺族や戦友は、その懐かしさ、悲しさ、悔しさなどを、何とか形あるものにしたくなります。はかなくなっていることは分かっていて、もう戻ってくることは期待していなくても、どこかで美しく飾られていてほしいのです。まさに「霊」とは、フォイエルバッハのいう《人間の内面があらわになったものであり、人間の愛の秘密が公然と告白されたもの》なのです。しかし、その愛の象徴だったものがいつのまにか「英霊」や「御霊《みたま》」として高みに祭り上げられ、軍神のように実体化されます。あたかも自衛隊増強や海外派兵、あるいは首相の公式参拝を望んでいるかのように語られていきます。侵略戦争の正当化や選挙の票集めに、一部の人たちが陰で利用もしていくのです。

フォイエルバッハの宗教理論をさらに徹底させたカール・マルクス（一八一八〜一八八三）は、そうした悪用されがちな「神」にひれ伏す民衆を見て、有名な「宗教はアヘンなり」という言葉を書き記します。これは一般に宗教を否定する言葉と思われていますが、原典にあたってみると、必ずしもそうではありません。「ヘーゲル法哲学批判序説」[14]には、次のように書かれています。

《宗教上の悲惨は、現実的な悲惨の表現でもあるし、現実的な悲惨にたいする抗議でもある。宗教は、抑圧された生きものの嘆息であり、非情な世界の心情であるとともに、精神を失った状態の精神である。それは民衆の阿片である》（傍点は原文による）

全体としては宗教界の保守的体質を批判している論文ですが、この「宗教は、抑圧された生きものの嘆息」という観察は的を射ている気がします。搾取され、絶望し、不幸のどん底にいる民衆にとって、何か慰めがなければ、モルヒネのような鎮痛剤がなければ耐えられない、と述べていたのです。ある意味では、宗教の価値を認めているようにも受け取れます。[15]

さまざまな表現

マニ車や仏像などの話を聞くと、「方便」とは子どもだましのようなものかと思うかもしれません。しかし、比喩や説話の形式でしか表現できないこともあるのです。たとえば、七週目の講義で説明した「不立文字《ふりゅうもんじ》」の、ハッと気がつく世界のことです。言葉で伝えられないことは、さまざまな手段・工夫で語るしかありません。

たとえば『新約聖書』に《民衆が皆洗礼を受け、イエスも洗礼を受けて祈っておられると、天が開け、聖霊が鳩のように目に見える姿でイエスの上に降って来た。すると、「あなたはわたしの愛する子、わたしの心に適《かな》う者」という声が、天から聞こえた[16]》（傍点は菅原、以下も同じ）という描写があります。この「聖霊」という言葉はギリシャ語の「プネウマ」で、もともとは「生命を与える息吹き」とか「風」という意味です。ここでは何を表しているのでしょうか。私には、例の「ハッと気づく」という回心のことに思えるのです。イエスという男の心に一陣の風が吹くように起こったことですが、それがあまりに劇的で感動的だったので、まさに「聖霊」という言葉でしか表現できなかったのではないでしょうか。

　幕末に生まれた金光教には「おかげ」という言葉があります。「聖霊」とよく似た表現だと思います。岡山県の農村が舞台ですから、むずかしい言葉は避け、庶民がわかりやすいように「回心」を表したのでしょう。教祖の言行録である『金光教教典』[17]の巻頭には《おかげは和賀《わが》心にあり》という言葉が掲げてあり、「わが心」を見つめることが勧められています。

　キリスト教には「復活」という信仰もあります。十字架にかかったイエスが、遠くにいた弟子たちや没後の弟子であるパウロの目の前に現れたというのです。たとえば、大多数の教会では、八世紀に確定した「使徒信条」と呼ばれる、次のような一節を唱和しています[18]。

《主は（中略）十字架につけられ、死にて葬られ、陰府《よみ》にくだり、三日目に死人のうちよりよみがへり、天に昇り、全能の父なる神の右に坐したまへり》

　しかし、霊魂だけでなく、肉体もそのままよみがえった、という話をどこまで本気にできるでしょう。伝道旅行の途中でギリシャのアテネに立ち寄って「復活」について説明した使徒パウロに対して、集まった市民は《死者の復活ということを聞くと、ある者はあざ笑い、ある者は、「それについては、いずれまた聞かせてもらうことにしよう」と言った》[19]とあり、相手にしなかったようです。

後世の神学者たちによる苦心の説明あれこれは省略しますが、最近は少し納得できる解釈も出てきました。たとえば、カトリック作家の遠藤周作（一九二三～一九九六）は『イエスの生涯』[20]で、「ぐうたらで弱虫だった弟子たちは、裏切りにも愛をもって応じてくれたイエスを、死後も自分たちのそばにいるかのごとく感じただろう。子供にとって失った母がその死後もいつも横にいる気持ちと同じような心理である」などと書いていました。

「偉大な祖師が永遠に生きている」という発想は、キリスト教だけではありません。高野山奥の院にある御廟《ごびょう》では弘法大師空海が、奈良県天理市にある教祖殿では天理教の開祖・中山みきが、やはり「生きておられる」として崇敬の対象になっています。常識ではばかげた話ですが、第八週の講義で紹介した神学者ブルトマンの「非神話化」論などを参考に考えると、弟子や信者の熱い思いが生んだ物語であり、遺徳を伝えるために創作された「方便」といえるかもしれません。それならば、少しは理解できる気もします。

浄土教には、第六週の授業でお話ししたように、四十八願の説話があります。ダルマーカラ（法蔵菩薩）という修行者がむかしむかしに「衆生が救われなければ、私は仏になりません」と四十八の誓いを立てた、という物語です。本願と呼ばれていますが、これは何を伝えようとしているのでしょうか。真宗大谷派の思想家・曽我量深《そがりょうじん》（一八七五～一九七一）は、法蔵菩薩の願いは人間の心の奥底にある阿頼耶識《あらやしき》の表明である、という説明をしました。[21]阿頼耶識は仏教唯識《ゆいしき》学の用語で、フロイト心理学でいう「無意識」のもっと深いところになるでしょうか。現在も詳しくは解明されていない意識の奥底からの呼びかけを、古代の伝道者は「法蔵菩薩の願い」という方便を使って説明したのだ、という解釈でした。

何度も述べましたように、宗教には大衆のためにわかりやすく、あえて比喩やシンボルを使う要素があります。私たちはなぜこうして生まれてきて、いま、こうして存在しているのか。こういった問いについては、神や如来といった言葉を使ったほうが説明しやすいのです。第五週に紹介したハイデガーが「世界‐内‐存在」として説明していたように、虚空《こくう》の中に投げ出されている哀れな存在である「自分」をどう納得するのか、ということです。そこから考え出された思想が、時代や地域や民族によって、環境や伝統によって、さまざまな儀式や方法となり、さまざまな宗派として分かれていったのではないでしょうか。

方便や道筋の違いだからといって、すべての宗教が同じ一つの頂上を目指している、とは思いません。むしろ、似たような悲しみから出発したものの、納得や慰めの手段のほかに、政治や経済や教育といった要素もからみあって、違いが鮮明になってきたのです。ですから、仮に宗教間の対話を探るとしても、祈りや儀式などの表面的な類似点だけでなく、まずは「すべての人間は虚空の中に投げ出されている」という出発点を確認しあうことが大切です。

終わりに注意しておきたいのは、「方便」の名のもとに危険で怪しげな手段を使う教団や宗派があることです。金もうけのために、権力欲のために、という団体も少なくありません。いわゆるカルトや新興宗教だけでなく、伝統宗教の中にも似たような事例がしばしば見受けられます。そうした組織のいかがわしさは、一つひとつ、見抜いていかなければなりません。そのことについては、もう一度、第一週の講義「入門する」を思い出してください。「方便」はあくまでも、深い知恵（仏教でいうならば、智慧、般若）によって裏打ちされていなければなりません。

注

（1）玉城康四郎『ダンマの顕現』（大蔵出版、一九九五年）
（2）「八重葎・高山勇吉物語」（芳澤勝弘訳注『白隠禅師法語全集』第七冊所収、一九九九年）
（3）「金剛般若経」（岩波文庫『般若心経・金剛般若経』所収、中村元・紀野一義訳註、一九六〇年）
（4）ギリシャ哲学と浄土思想の比較では、河波昌『形相と空』（春風社、二〇〇三年）がある。
（5）星野元豊『浄土——存在と意義』（法藏館、一九五七年）所収。
（6）本多弘之『親鸞の鉱脈——清沢満之』（草光舎、一九九二年）
（7）レフ・トルストイ『イワン・イリッチの死』（米川正夫訳、岩波文庫、一九二八年）
（8）マクシム・ゴーリキー『どん底』（神西清訳、角川文庫、一九五七年）
（9）マクシム・ゴーリキー『母』（横田瑞穂訳、岩波文庫、一九六三年）
（10）菅原伸郎『宗教をどう教えるか』（朝日選書、一九九九年）の付章参照。
（11）岩波文庫『人権宣言集』（高木八尺ほか編、一九五七年）所収。
（12）ジャン・ジャック・ルソー『社会契約論』（桑原武夫ほか訳、岩波文庫、一九五四年）
（13）ルートヴィヒ・フォイエルバッハ『キリスト教の本質』（船山信一訳、岩波文庫、一九三七年）

(14) カール・マルクス「ヘーゲル法哲学批判序説」(岩波文庫『ユダヤ人問題によせて・ヘーゲル法哲学批判序説』所収、城塚登訳、一九七四年)
(15) 唯物論の立場から、亀山純生『現代日本の「宗教」を問いなおす』(青木書店、二〇〇三年)がある。
(16) 『新約聖書』「ルカによる福音書」三・二一〜二二。
(17) 『金光教教典』(金光教本部教庁編、一九八三年)
(18) 日本基督教団まぶね教会(川崎市麻生区)のように、唱和しない教会もある。荒井献『人が神にならないために』(コイノニア社、二〇〇三年)参照。
(19) 『新約聖書』「使徒言行録」一七・三二。
(20) 遠藤周作『イエスの生涯』(新潮文庫、一九八二年)
(21) 曽我量深「法蔵菩薩」(彌生書房『曽我量深選集』第十二巻所収、一九七二年)

第10週　むさぼるな

菜食主義の論理

宮沢賢治（一八九六〜一九三三）に「ビジテリアン大祭[1]」という短編があります。北米東海岸の田舎町に世界中のベジタリアン（菜食主義者）が集まって大会を開く話で、童話にしてはかなり理屈っぽい作品です。冒頭の場面では仲間同士が楽しく交流していますが、途中から「動物を食べて何が悪いか」とする反ベジタリアンが会場に闖入《ちんにゅう》して大激論となります。欧米人の議論が続いたあとで、終わりに日本の仏教徒同士がこんな論争を繰り広げます。

浄土真宗本願寺派門徒「原始仏教の時代から肉食は許されていたはずだ。釈迦も亡くなる直前に捧げられた豚肉を食べていた、という記録がある。親鸞聖人も肉食をしておられた。諸君のような奇形の信者は、おそらく地下の釈迦も迷惑であろう」

主人公「そんなことをいう人は仏弟子でも仏教徒でもない。釈尊が最後に食べたものは豚肉でなく、キノコの一種だったはず。そもそも、輪廻転生《りんねてんしょう》している生き物はすべて、われわれの先祖や兄弟なのだから、食べていいはずがない」

晩年の宮沢賢治は菜食主義で通しており、主人公の口を借りて自分の主張を述べたのです。二十歳ごろからは日蓮に帰依《きえ》しており、熱心な浄土真宗門徒だった父親に対しては強く改宗を迫っていました。というわけで、この作品の背景には宮沢父子の激しい論争があったはずです。当然ながら、物語では菜食主義者が論争に勝ち、居合わせた肉食肯定派がベジタリアンに転向して終わることになっています。

物語の結末はそうなのですが、どうも賢治の仏教理解には偏《かたよ》りがあったようです。近年の古代インド研究では、原始仏教は肉食を禁じていませんでした。[2] たとえば、原始仏典「スッタニパータ」[3]の「なまぐさ」という章には《この世において欲望を制することなく、美味を貪《むさぼ》り、不浄の（邪悪な）生活をまじえ、虚無論をいだき、不正の行いをなし、頑迷《がんめい》な人々、――これがなまぐさである。肉食することが〈なまぐさい〉のではない》（傍点は菅原、以下も同じ）という言葉があります。僧侶でさえも、自身が殺されるところを見ていない、自分のために殺されたと聞いていない、その疑いがない、という「三種浄肉《じょうにく》」は許されていたのです。

また、ゴータマ・ブッダが入滅直前に食べたものは豚肉だったかキノコだったかについては、原典解読に両説があって決着がついていないようです。

主人公が肉食しない最大の理由は「輪廻転生」の問題でした。「生あるものは地獄・餓鬼・畜生・

修羅・人・天の世界を回る」という輪廻説をもとに、先祖かもしれない動物を殺してはいけない、と主張したのです。しかし、この「輪廻転生」は本来、ゴータマ・ブッダ誕生のずっと前からインドの民衆が信じていた来世観なのです。古代インドの土着信仰であり、ブッダは死後の世界をとくに論じませんでした。(4) いまでも輪廻思想を取り入れている寺院は少なくありませんが、それでは「生まれ変わる主体は何か」という問いが出て、本来が「空」である仏教とは違うものになってしまいます。

禅思想家の秋月龍珉《あきづきりょうみん》さん（一九二一〜一九九九）は『誤解だらけの仏教』(5) という本で、断固としてこう書いています。

《私は、霊魂を認めない。あの世も信じない。輪廻転生も否定する。三世の因果も信じない。葬式だの法事だのいう死者儀礼は本来の仏教とは関わりなかった。仏教は無神・無霊魂論なのだから、霊魂どころか、「神も仏もあるものか」などというような仏も認めない。私はひたすら「摩訶般若波羅蜜多《まかはんにゃはらみった》（悟りの智慧の完成）は仏道の第一義なり」ということだけを信じ、それだけを提唱する》

肉食の是非

二〇〇〇年秋に「クジラを食べることは許されるか」というシンポジウムへ招かれたことがあります。浄土真宗本願寺派の若手僧侶が企画した討論会で、仏教者として肉食をどう考えるべきか、自然保護をどう説くか、という問いがあったようです。

討論では「食べてもかまわない」という意見が圧倒的でした。欧米人は「絶滅させるな」「日本人は残酷」などというけれど、米国はバッファローを絶滅寸前に追い込んだし、十九世紀には捕鯨船を日本近海にまで送り込んでいた。「クジラには知恵がある」などというが、ウシやヒツジにもそうした知恵はあるはず……といった発言が相次ぎました。絶滅からは守るべきだが、それは「動物愛護」という視点からではなく、すべての人間は種を保存する「地球博物館」の会員であるべきだから、と私は発言しました。

宗教の面から考えてみましょう。仮に「クジラには霊魂はある。だから殺してはいけない」というのなら、すべての動物をもっと大切にしなければなりません。たとえば、万物に霊魂の存在を認めたアイヌ人たちは、殺した動物のためにクマ祭りなどの儀式を続けてきました。インドのジャイナ教では、小虫も踏まないように歩き、飲み水も濾過してボウフラを殺さないようにしているそうです。いまでも、菜食を守るインド人は珍しくありません。でも、本当のことをいえば、植物にも「いのち」はあるはずであり、動物だけを食べない理由が私には分かりません。「人間は動植物の生命を奪ってしか生きていけないから、食前にお詫びと感謝の合掌をするのです」と教える僧侶もいますが、そんなに悪いことなら、まず「二度と食べない」という実践が先ではないでしょうか。

繰り返しますが、ゴータマ・ブッダは来世や霊魂の存在については黙して語らなかったのです。日本の仏教には「草木国土悉皆成仏《そうもくこくどしっかいじょうぶつ》」などといって、「仏性《ぶっしょう》」の概念と神道の「御霊・みたま」とを混同させ、万物に霊魂があるように説く傾向もありますが、本来の教えではありません。(6) 仏教はアニミズムを超えたはずで、その意味でも「クジラやクマにも霊魂がある」といった結論は出てきません。

もちろん、多くの宗教にとって、節制は大切な実践です。禅寺の入り口には「不許葷酒《くんしゅ》入山門」（葷酒、山門に入るを許さず）という言葉が掲げてあります。「ニラやネギなど、匂いの強い野菜と酒をもって山門に入ってはならない」という意味です。あまりに精力がつくと、異性のことが気になって修行の妨げになるから、という配慮からでしょう。同じ理由から、古代の仏教教団には「勉強をするのなら、肉食をなるべく控えよう」という勧めはありました。それが次第に在家の庶民にまで広がって、ついにはタブーになったと思われます。とくに、農耕に牛馬を使っている中国社会に伝わって、その傾向が強まったようです。大切な家畜を食べるなど、とんでもない、という事情があったのです。

大昔の日本人は、さまざまな動物を食べていました。考古学の調査では、クジラ、ナウマンゾウ、タヌキ、ムササビなどの骨が集落の遺跡から出てくるそうです[7]。しかし、仏教が伝わると、次第に肉食はきらわれていきます。六七五年には天武天皇が《諸の漁猟者を制して、檻穽《かんせい》（落とし穴）を造り、機槍《きそう》（仕掛け）の等き類を施くことなかれ》という殺生禁断令を出しました。その後、殺生禁断令と生き物を解き放つ放生令《ほうじょうれい》が一一二六年までに十回も出されています。ということは、実際はあまり守られていなかったからでしょう。

同じように仏教が伝わったチベットでは、ヤクなどの大きい動物を日々食べています。植物の育ちにくい砂漠や高地に生きる人々は、動物を通してビタミンなども摂っており、肉食しないではいられないのです。その代わり、中村元さんの論文「チベット人の思惟方法[8]」によると、チベット人は魚や鳥をあまり食べないそうです。大きな動物は一頭だけで多くの人間の胃袋を満たしてくれますが、魚は小さく、一匹あたり一人くらいしか満足できません。つまり、魚を食べることは、数多くの「いのち」を奪うことになるので避けたほうがいい、というのです。シラス干しをほおばる日本人などは、さぞ大悪人といわれるでしょう。

限りある生

もちろん、魚を食べるときに痛みを感じる日本人もたまにはいます。学校の授業でも取り上げられる、金子みすゞの詩「大漁」(9)を読んでみましょう。

朝焼小焼だ
大漁だ
大羽鰮《いわし》の
大漁だ。

浜は祭りの
やうだけど
海のなかでは
何万の

鰮のとむらひ
するだらう。

浜辺の喜びと海中の悲しみの対比が鮮やかです。五週目の講義で触れた、日常と非日常、長調と短調という二つの世界を描いている作品です。ここで気をつけたいのは、この詩から「イワシにも霊魂がある」といった話を引き出すことです。日本人には親しみやすい霊魂観ですが、それでは「いのち」をモノかタマとしてとらえることになり、「イワシの頭も信心から」の世界に迷い込みかねません。

仏教界には「お米は、人間に食べられるためにこの世に生まれてきたでしょうか。稲は稲として、自分の子孫を繁栄させていこうと思って育っていくのです。それを人間が食物にする。それがもう罪です。宿業《しゅくごう》です」などと説く人もいます。しかし、イネが「子孫を育てたい」と思っているかどうかは分かりません。動植物の霊魂についても、ブッダは答えなかったはずです。わが身の罪深さを説くことはむしろ、別の形で語りたいものです。魚や米に同情するのではなく、たとえば、病気で食べられない人間がいるのに健康な私はこんなに食べているとか、もしかしたら貧しい国の人々から奪って食べているのではないかとか、人間同士の課題として感謝したり懺悔したりすべきでしょう。

「いのちの大切さ」を説くなら、「霊魂の大切さ」からではなく、死という限りある人間の悲しみから教えられないか、と思うのです。動物がかわいそうだ、という同情はわかりますが、それはあくまでも人間の世界に照らしての話です。人間の世界、つまり自分の悲しみや他人の痛みを思う感性が基本ではないでしょうか。俳人・久保田万太郎の「鮟鱇《あんこう》のわが身の業《ごう》も煮ゆるかな」という句も、まず自分の罪深さが重くあってアンコウの煮える様子を見つめているわけです。

中世日本には、「肉食・殺生は善根なり」とする説話も、信濃・諏訪神社の縁起などにあったそうです。「仏になれない畜生たちを早く救ってやるのだ」といった妙な理屈をつけていたのですが、親鸞と被差別民について研究した河田光夫（一九三八〜一九九三）は、「殺生・肉食を善とする説話の成立」という論文で次のように書いています。殺生を仕事とする猟師や漁師への差別を押し返す目的があった、というのです。(10)

《殺生・肉食善根論は、理論としてだけ見ると、確かに、稚拙で便宜的なこじつけである。しかし、殺生罪業論も、同様に稚拙で不合理きわまりない点に注意する必要がある。殺生をし、その肉を食い、皮や骨などによる製品を使っているのは人類である。それにもかかわらず、その直接生産者のみを、けがれだ悪だとして差別したのが、中世社会における殺生罪業論であった。それは単に不合理なだけでなく、一部の人々を差別して打ちのめす観念である。諏訪説話は、明るく生き生きと、そうした観念を克服し、殺生・肉食善根論を打ち出したのである》（横点は原文による）

いずれにせよ、肉食自体を禁止する理由はありません。勉強や仕事のために体力が必要なら、生きていることを喜びながら味わうべきでしょう。法然上人（源空）も、弟子たちにこう諭したそうです。(11)

《「往生は魚食《うおじき》せぬものこそすれ」といふ人あり。あるひは「魚食するものこそすれ」といふ人あり。

とかく論じけるを、上人きゝたまひて、「魚くふもの往生をせんには、鵜《う》ぞせむずる。魚くはぬものせんには猿ぞせんずる。くふにもよらず、くはぬにもよらず、たゞ念仏申《もうす》もの往生はするとぞ、源空はしりたる」とぞ仰《おおせ》られける》

「魚を食べなければ往生できる」というのなら、絶対に肉食をしないサルこそ一番だ。「魚を食べれば往生できる」というなら、魚を飲み込む鵜こそ資格がある。そんなことはどっちでもいいのだ、大事なことは日々念仏を怠らぬことなのだよ、というわけです。

多神教優越論

日本のジャーナリズムでは近年、一部の哲学者や宗教者による「ユダヤ教、キリスト教、イスラームなどの一神教は自然を征服の対象にしてきた。しかし、東洋の宗教は自然との共生を第一としている。環境保護のためには、いまこそアジアの多神教だ」といった説が受けています。多神教とは、神道やヒンドゥー教やアイヌ信仰などの民族宗教、そしてそれらと習合した仏教を指すらしいのですが、この東洋宗教優越論にはいささか気恥ずかしくなります。

ヨーロッパを旅行したことのある人なら、バスや列車の窓から眺める美しい風景に感じ入るはずです。日本ではどこでも見えてくる、あの目ざわりな野立て広告もありません。それに対して、滋賀県と岐阜県の境にある伊吹山や、埼玉県秩父地方にある武甲山は、石灰石の発掘で無惨な姿をさらしています。それぞれ「日本百名山」「日本二百名山」の一つですが、その面影はもうありません。熊本県水俣市の眼前に広がる青い海も、日本人自身が水銀で汚してしまいました。もともとは美しい山や海だったのですが、この国にはそれを守る宗教や哲学がなかったとしか思えません。中国や朝鮮半島でも森林は消滅し、禿《は》げ山だらけになっています。自然を守るためには東洋の宗教だ、などとはとてもいえないはずです。

　ドイツのカトリック神学者ハンス・キュンク博士に、この多神教優越論について感想を聞いたことがあります。すると、博士は「たしかにアジアの原生林は美しい。しかし、それは宗教の違いなどではなく、近代化が遅れてやってきただけではありませんか」と苦笑していました。[12]

「東洋の宗教は環境にやさしい」と主張する日本人は、しばしば『旧約聖書』の「創世記」を批判します。《動いている命あるものは、すべてあなたたちの食糧とするがよい。わたしはこれらすべてのものを、青草と同じようにあなたたちに与える》（九・三、傍点は菅原、以下も同じ）といった言葉です。神が人間に「すべての動物を食べ尽くしてかまわない」と許したので、欧米人は自然を乱暴に扱うようになった、といいたげです。たしかに次の箇所なども、東洋人の感覚とは少し違うなあ、という感じはします。

《神は彼らを祝福して言われた。「産めよ、増えよ、地に満ちて地を従わせよ。海の魚、空の鳥、地の上を這う生き物をすべて支配せよ」。神は言われた。「見よ、全地に生える、種を持つ草と種を持つ実をつける木を、すべてあなたたちに与えよう。それがあなたたちの食べ物となる……」》（一・二八〜二九）

しかし、すべての生き物を食べ尽くせ、といっているわけではありません。乱獲や乱伐の命令ではないのです。「支配せよ」という言葉は、いわば「コントロールせよ」ということでしょう。「創世記」には《主なる神は人を連れて来て、エデンの園に住まわせ、人がそこを耕し、守るようにされた》（二・一五）ともあって、「自然を大切にせよ」という命令であることがわかります。なるほど、ヨーロッパの風景は人間によって見事に管理されていて、乱開発されつつあるアジアの自然よりもずっと美しいように思います。原生林を切り倒す一方で、植林もしてきたからです。

東洋には、たしかに大自然と一体化した宗教が育ちました。モンスーンのもたらす豊かな土壌に包まれて優しい宗教が育ってきたことは、和辻哲郎《わつじてつろう》（一八八九〜一九六〇）が一九三五年に書いた『風土――人間学的考察』[13]で詳しく論じています。しかし、だからといって、自然を大切にせよ、という教えがことさらに説かれたわけでもないのです。仏教には、『旧約聖書』のような天地の成り立ちを語る神話はありませんから、自然環境の位置づけは不明確です。あるがままに受け入れることは説かれていますが、破壊することも守ることも特に論じられていないのです。古代インド人は豊かな自然に囲まれていたので、その保護などには思いが及ばなかったのでしょう。

日本の神道には、『古事記』など、世の始まりを伝える神話こそありますが、自然保護に結びつく文言はないように思います。森に囲まれて自然と一体になっている神社には、原始以来の神秘も感じますが、最近はそれも危うくなっています。「共同体のために」という精神で成り立っている神社は、とかく地元有力者の「地域の発展のためだから」という圧力に屈しやすいようで、境内《けいだい》や森を道路用地などに提供させられる事例が各地で起きています。[14] このままでは鎮守《ちんじゅ》の森も守れない、何とかならないか、という若手神職の嘆きや怒りを、神社本庁の研修会で聞いたことがあります。

東洋に乱開発を止める思想がないとなると、キュンク博士が心配していたように、このままでは工業化とともにアジアの自然は消えてしまいます。そうならないように、東洋人もこれからは『旧約聖書』にある「支配する」、つまり自然を「管理する」という発想を学ぶべきでしょう。自然に任せて放置するのではなく、神社仏閣の境内や庭園のように美しく手入れすることです。そのほうが宇宙船「地球号」は長持ちするでしょう。地球温暖化防止条約を充実させるなど、東洋人も西洋人もいっしょに自然を守る方向を模索したいものです。

貪瞋癡

自然を守るためにすぐ役立つ教えはありませんが、原始仏典を読み直していて、おぼろげながら大切な方向も見えてきました。たとえば、先の「スッタニパータ」[15]の「なまぐさ」という章です。ほかにも次のような言葉が繰り返されていました。

《この世において欲望を制することなく、美味を貪り、不浄の〈邪悪な〉生活をまじえ、虚無論をいだき、不正の行いをなし、頑迷な人々、——これがなまぐさである。肉食することが〈なまぐさい〉のではない》

《これら（生けるものども）に対して貪り求め、敵対して殺し、常に（害を）なすことにつとめる人人は、死んでからは暗黒に入り、頭を逆さまにして地獄に落ちる、――これがなまぐさである。肉食することが〈なまぐさい〉のではない》

この「なまぐさい」という言葉は「卑しい」といった意味でしょう。要するに、欲望を制することなく、ほしいままに貪り求める生活をたしなめているのです。仏教では「貪欲《とんよく》」と呼ばれていて、瞋《しん》恚《い》（いかり）、愚癡《ぐち》（おろかさ）とともに「三毒」とされており、略して「貪瞋癡《とんじんち》」ともいわれます。

仏教の哲学では、善と悪、生と死、正と邪、神と人間といった対立的思考、つまり「二元論」は否定されます。そこに良さもあるのですが、一方で、ユダヤ教やキリスト教やイスラームのような倫理面での積極性は薄くなります。「殺し尽くせ」といった極論も出ないかわりに、「自然を守れ」という実際行動が弱くなりがちです。そこが難しいところですが、では、何の基準もないかといえば、そうでもないのです。それが「むさぼるな」でしょう。欲張るな、ほどほどにせよ、ということです。

たとえば、私の母は八十二歳になる直前に脳内出血で病院に担ぎ込まれました。担当の医師は頭部のレントゲン写真を見せながら、もう回復の見込みがないことを説明してくれました。さまざまな装置によって心臓は何とか動いていたのですが、それはあくまでも人工的な生命です。待機していた家族・親族と相談したうえで、私は「自然のままにしてやってください」とお願いしました。病院のスタッフや医療機器を占有してまで永らえさせることは、何か欲張りな気がしたのです。数時間後に母は旅立ちましたが、私はそのとき、「むさぼるな」という言葉を改めて思ったのでした。

医学界で議論されている臓器移植の問題なども、この「むさぼるな」を指針にして考えることができます。いろいろな病気で苦しんでいる人がおられることは知っていますが、その治療のために他人の臓器を大金を払って買うことなどは正しい選択でしょうか。豊かな国と貧しい国との間で臓器売買の闇ルートがつくられている、という話も耳にします。つらい日々を送る方々には申し上げにくいことですが、人間の限界を最後は受け入れて、無理な手段に頼らないことも大切かと思います。医学界も「移植第一号！」などと功を焦ることなく、むしろ安全な人工臓器の開発を急いでもらいたいものです。

中道の生き方

「むさぼるな」という戒めは、仏教だけのものではありません。ほとんどの宗教は貪欲をたしなめていると思います。『旧約聖書』にある「モーセの十戒」の十番目には、「あなたは隣人の家をむさぼってはならない」という教えが出てきます。『新約聖書』の「ルカによる福音書」にも「愚かな金持ち」という話が載っています。イエスは「貪欲に注意を払いなさい」として、こんなたとえ話をしたそうです。

《ある金持ちの畑が豊作だった。金持ちは、「どうしよう。作物をしまっておく場所がない」と思い巡らしたが、やがて言った。「こうしよう。倉を壊して、もっと大きいのを建て、そこに穀物や財産をみなしまい、こう自分に言ってやるのだ。『さあ、これから先何年も生きて行くだけの蓄えができたぞ。ひと休みして、食べたり飲んだりして楽しめ』と」。しかし神は、「愚かな者よ、今夜、お前の

命は取り上げられる。お前が用意した物は、いったいだれのものになるのか」と言われた》（一二・一六〜二〇）

この教えは、ロシアの作家レフ・トルストイ（一八二八〜一九一〇）にも影響を与えたはずです。民話『イワンのばか』[16]は、頭が良くて欲の深い二人の兄は悪魔の誘惑に負けるが、頭が鈍くて欲のない末弟イワンはどんな誘いにものらなかった、というお話です。子どものころに読んだ方も多いでしょう。

同じ文庫本に載っている小品「人にはどれほどの土地がいるか」は、欲張り男パホームの物語です。「日没までに歩いた土地をすべて自分のものにできる」という呼びかけを聞いた主人公は、一平方メートルでも広い土地を手に入れようと一日しゃにむに歩き通して何とか出発点に戻ってきます。しかし、無理がたたってゴール到着と同時に絶命、結局は死体を埋める墓の広さがあれば十分だった、というオチになっています。

晩年の伯爵トルストイは、イエスの教えを実践すべく財産も家も捨てて旅に出ますが、道も半ばで、中央ロシアの寂しい駅舎で亡くなったのでした。

私にはトルストイのような行動はできそうにありません。しかし、ある程度の「むさぼるな」なら可能な気がします。たとえば、「サンユッタ・ニカーヤ」という教典にある、ゴータマ・ブッダがコーサラ国に滞在していたときの逸話です。[17]ある朝、国王が食べ過ぎてゲップをしているのを見て、ブッダはやんわり「食事の量を節する人こそ、長生きができるのだよ」とたしなめました。食べてはいけない、というのではありません。ほどほどにしなさい、というのです。この「大食」という章には、こんな歌が掲げてありました。

《つねに心を落ち着けて、食物を得ても食事の量を〔節することを〕知っている人にとっては、諸々の〔苦痛の〕感覚は弱まってゆく。寿命をたもちながら、徐々に老いる》

たんなる「腹八分」の勧めとも読めますが、教典として残されたことを考えると、もう少し深い意味があるはずです。ここには、紀元一五〇年ごろに生まれたインドの哲学者・龍樹《りゅうじゅ》（ナーガールジュナ）が発展させた「中道《ちゅうどう》」という考え方の原型を見ることができるように思います。互いに矛盾対立する二つの極端な立場から離れ、自由な立場や実践を目指す仏教哲学の基本的な思想です。

若かったころ、私は「中道政治」などと聞くと、足して二で割るだけ、妥協ばかりする無節操な人たちの路線と思っていました。しかし、新聞記者の仕事を通じて、政治権力や官僚の保守性や反動ぶりを見るにつれ、あるいは社会主義国の実情や革新陣営の教条主義を見るにつれ、先入観やイデオロギーに縛られないで、日々、自由な立場から現実を見ることの大切さを学びました。ジャーナリストは中道の精神を持たなければならない、それは決して弱虫や臆病ではない、中道に立ってこそ厳しい批判も新しい提言もできるのだ、と学んでいったのです。

脱線したところで、そろそろお腹もすいてきました。最後に、工藤直子さんの詩「ライオン(18)」を読んで、今日の講義を終えることにします。残酷さと悲しさが「し」という音韻とともに同居する、最後の一行を味わってください。むさぼるように食事をする人は、まず思い起こしたい作品です。

雲を見ながらライオンが
女房にいった
そろそろ　めしにしようか
ライオンと女房は
連れだってでかけ
しみじみと縞馬《しまうま》を喰《た》べた

注

(1) 宮沢賢治『新編・銀河鉄道の夜』(新潮文庫、一九八九年)所収。
(2) 中村元『原始仏教の生活倫理』(春秋社『決定版・中村元選集』第十七巻、一九九五年)参照。
(3) 中村元訳『ブッダのことば』(岩波文庫、一九八四年)所収。
(4) 高崎直道『仏教入門』(東京大学出版会、一九九三年)
(5) 秋月龍珉『誤解だらけの仏教』(柏樹社、一九九三年)
(6) 高崎直道『仏性とは何か』(法藏館、増補新版、一九九七年)参照。
(7) 山内昶『「食」の歴史人類学』(人文書院、一九九四年)
(8) 中村元『チベット人・韓国人の思惟方法』(春秋社『決定版・中村元選集』第四巻、一九八九年)所収。

（9）金子みすゞ「大漁」（JULA出版局『新装版　金子みすゞ全集・I』所収、一九八四年）
（10）『河田光夫著作集』第二巻（明石書店、一九九五年）所収。
（11）大橋俊雄校注『法然上人絵伝』第二十一（岩波文庫、上巻、二〇〇二年）
（12）田川建三『キリスト教思想への招待』（勁草書房、二〇〇四年）も、第一章で《日本人は自然と調和する国民である？》と皮肉っている。
（13）和辻哲郎『風土――人間学的考察』（岩波文庫、一九七九年）
（14）朝日新聞東京本社版、一九九六年四月二十三日付夕刊「こころ」面、「神社は『森』を守れるか」の拙稿参照。
（15）前掲『ブッダのことば』参照。
（16）レフ・トルストイ『イワンのばか』（中村白葉訳、岩波文庫、一九三二年）
（17）中村元訳『神々との対話』（岩波文庫、一九八六年）所収。
（18）工藤直子「ライオン」（『てつがくのライオン』所収、理論社、一九八二年）

第11週　殺すなかれ

十戒と五戒

前回の講義では、人間が動物や植物を殺す問題を考えました。きょうは、人間が他人を殺すことについて考えてみましょう。

日本の刑法一九九条は「人を殺した者は、死刑又は無期若しくは三年以上の懲役に処する」と定めています。しかし、殺人がすべて犯罪かといえば、そうでもありません。刑法三五条（正当行為）、三六条（正当防衛）、三七条（緊急避難）では例外が認められています。たとえば、刑務官が死刑を執行する、街頭で刃物を振り回す男を警察官が射殺する、自衛官が「侵略勢力」を撃退する、医師が法律で認められた範囲の胎児を人工中絶する、自分が助かるためには他の方法がなかった、といった場合は免責されます。二〇〇一年十二月に東シナ海で起きた北朝鮮（朝鮮民主主義人民共和国）の工作船と海上保安庁の巡視船との銃撃戦では、北朝鮮側に十人以上の死者が出ましたが、日本側は「正当防衛」として応戦していました。

もちろん、法律で認められているからといって、倫理的に、あるいは宗教的には別の問題です。死刑を執行した刑務官が長く苦しむことはしばしば報告されています。やむをえず犯人を射殺した警察官も同じ気持ちになるでしょう。

なぜ人を殺してはいけないか。ユダヤ教・キリスト教・イスラームの信徒には、預言者モーセが神から与えられたという「十戒」があります。『旧約聖書』の「出エジプト記」二十章に載っていて、整理すると次のようになります。

①あなたはわたしのほかに、なにものをも神としてはならない。②あなたは自分のために刻んだ像を造ってはならない。③あなたは、あなたの神、主の名をみだりに唱えてはならない。④安息日を憶えて、これを聖とせよ。⑤あなたの父と母を敬え。⑥あなたは殺してはならない。⑦あなたは姦淫してはならない。⑧あなたは盗んではならない。⑨あなたは隣人について偽証してはならない。⑩あなたは隣人の家をむさぼってはならない。

前の四つは砂漠に生きる民の厳しさを伝えており、五番目からは他の宗教にも見られる倫理道徳となっています。六番目が「殺すなかれ」です。これが本当に守られれば戦争もなくなるのですが、ことはそう簡単ではありません。というのも、同じ『旧約聖書』には《もし、人が鉄の道具でだれかを打って死なせた場合、その人は殺害者である。殺害者は必ず死刑に処せられる》(「民数記」三五・一六)などと、モーセの関係する前半の五書だけで三十三回も「死刑に処せられる」という言葉が出てくるのです。少なくとも死刑執行人は人間を殺すことができるわけです。

そのほか、『旧約聖書』には「ノアの箱舟」のように神が人間を殺し尽くす物語や、人間同士が殺し合うドラマがいくつも登場します。「殺してはならない」の手本になる書物とも思えません。こうした厳罰主義や報復主義が解決されるには、《剣を取る者は皆、剣で滅びる》(1)と弟子を叱ったイエスが登場するまで待たなければなりませんでした。

仏教の在俗信徒には古代から「五戒」が課せられています。①不殺生《ふせっしょう》（殺してはいけない）、②不偸盗《ふちゅうとう》（盗んではいけない）、③不邪婬《ふじゃいん》（淫らなことをしてはならない）、④不妄語《ふもうご》（うそをついてはいけない）、⑤不飲酒《ふおんじゅ》（酒を飲んではならない）、という五つで、不殺生がもっとも重い罪となっています。全体として、モーセの十戒に比べて緩やかな感じもしますが、それにしては五番目がなかなか厳しいですね。

ともかく、宗教の側からはしばしば「復讐はいけない、争いはいけない」という呼びかけが発せられてきました。もっとも有名なのは、イエスの「山上の説教」です。『新約聖書』の「マタイによる福音書」第五章ではこう諭していました。

《敵を愛し、自分を迫害する者のために祈りなさい。あなたがたの天の父の子となるためである。父は悪人にも善人にも太陽を昇らせ、正しい者にも正しくない者にも雨を降らせてくださるからである》（四三〜四四）

インド独立の父といわれるガンディー（一八六九〜一九四八）は熱心なヒンドゥー教徒で、古代インドの聖典『バガヴァッド・ギーター』(2)をよく読んでいました。捨てることの大切さを説く教えで、冒頭から勇士アルジュナのこんな言葉が出てきます。
《クリシュナよ、私は勝利を望まない。王国や幸福をも望まない。ゴーヴィンダよ、私にとって王国が何になる。享楽や生命が何になる》
ロンドンに留学していたガンディーは、たまたまイエスの「山上の説教」を読んで感銘します。『バガヴァッド・ギーター』の精神とよく似ていることを発見し、自伝では《わたしの若い心は、(両者を)一つに結び合わせようと試みた。わたしに最も強く訴えるものをもった宗教の最高の形式であった[3]》と振り返っています。自己放棄こそ、サンスクリット語で「アヒンサー」と呼ばれてきた「不殺生」の精神を、イエスの教えと重ね合わせていくのです。そしてまず、南アフリカでインド人の差別反対闘争を非暴力で指導し、次にイギリスの植民地だった祖国インドの独立運動を進めていきました。
ガンディーの「アヒンサー」は後年、人種差別撤廃のために非暴力で闘った米国のマーチン・ルーサー・キング牧師(一九二九〜一九六八)に受け継がれます。その自伝には《キリストが精神と動機を与え、ガンディーが方法を備えた[4]》という言葉が載っていました。

ボンヘッファーの選択

非暴力を貫いたガンディーとキングは人間の気高さを証明したわけですが、残念なことに二人とも暗殺されてしまいました。非暴力の運動が実を結びつつあったからともいえますが、それにしても理想と現実の差を感じないわけにはいきません。

イエスの「山上の説教」は、キリスト教徒にとって昔から議論の種でした。一九八一年にも、西ドイツで神学者と政治家の間で論争が起きました。ドイツ福音主義教会が「イエスの『敵をも愛せ』の教えは、政治を含むあらゆる領域で、敵意に代わって新しい道を模索するよう命じている」といった趣旨の覚書を出したからです。「聖書に書かれているとおりに行動せよ、文字どおりに！」というわけです。しかし、当時は東西冷戦の真っ最中でもあり、ヘルムート・シュミット連邦首相は「政治にとっては、個人的な純粋さよりも、万人にとって生ずる結果が問題なのだ」と述べました。カルステンス大統領も「他者のために責任を負う政治家が、不正や暴力を無抵抗のままに甘受していいとは思わない」と反論したそうです。(5)

ここまで考えると、そもそも私たちは絶対に人を殺してはいけないのか、という根本的な問いに突きあたります。ドイツのプロテスタント神学者ディートリッヒ・ボンヘッファー（一九〇六〜一九四五）はナチスの非人道性を見かねて、ヒットラーの暗殺計画に加わります。企ては発覚し、ドイツの敗戦直前に絞首刑となったのですが、その行動についてはしばらく議論がありました。相手がいかに残忍な独裁者だったとはいえ、「敵をも愛せ」と教えるべき牧師が殺人に加担していいのか、というのです。これについては、刑務所でいっしょに過ごして生き残ったイタリア人が、ボンヘッファー自身のこんな返事を伝えています。(6)

「酔っ払った運転者が大通りを高速で車を走らせると考えてください。そのとき、この気が狂った人によって犠牲となった人たちを埋葬して肉親の方々を慰めることだけが、牧師たる者にとって唯一の仕事なのでしょうか。いっそう重要なのは、その酔っ払いからハンドルを無理にでも奪いとることではないでしょうか」

さらに、一九四〇年の暮れに書いたと思われる遺稿『現代キリスト教倫理』(7)が見つかり、そこにはこう記されていました。

《自然的生活の第一の権利は、肉体的生命を、恣意《しい》的な殺害から守ることである。(中略)従って、戦争における敵の殺害は、恣意的ではない。なぜなら、たとい彼が個人的には無実であったとしても、なお明らかに、彼は、私の民族の生活に対する彼の民族の攻撃に加担しているのであり、従って、全体の罪の結果に対する共同の責任があるからである》

要約すれば「自分の生命を守ることは自然な権利である。その生命を奪おうという攻撃には、たとえ目前の敵が個人的には無実であっても反撃してかまわない」ということでしょう。ここでは、あの「殺すなかれ」は相対的な禁止命令として理解されています。ナチスの横暴という現実の前に、ただ「敵をも愛せ」ではいられなかったのだと思います。

もちろん、ボンヘッファーは無制限に戦争や殺人を認めたのではありません。先の文章に続けて《もはや私の生命を攻撃するという罪を犯すことのできない、武器を持たない囚人や負傷者を殺害することは、恣意的であろう。激情に駆られて、あるいは何らかの偏見ゆえに、無辜《むこ》の人を殺害することは恣意的である》などと書いており、自分たちの生命が脅かされる攻撃に対してのみ反撃が許される、と念を押しています。

同時代のスイスのプロテスタント神学者カール・バルトも『キリスト教倫理』の中で、《この限界状況はまさに最後の手段であって、きわめて稀《まれ》な場合として、すなわち、他の可能性をすべて考えつくしたあげくに初めて考慮さるべきものである(8)》と釘を刺していました。

「聖戦」はあるか

とはいっても、「殺すなかれ」に例外を認めることは、拡大解釈によっては「正義のための戦争」を擁護することにもなってしまいます。ここが本当に難しいところです。

二〇〇一年九月十一日に米国で同時多発テロが起きると、ジョージ・ブッシュ大統領はさっそくアフガニスタンへの報復攻撃を命じました。犯人たちの組織を当時のアフガニスタン政権がかくまっている、という名目でした。ここまでは理屈が少しはあるように思えました。

しかし、続いて二〇〇三年三月にはイラクに先制攻撃を加えました。こちらは国際連合の承認を得ないままの攻撃であり、常識的には侵略行為でしょう。いかに当時のフセイン・イラク大統領が独裁者として残虐非道であっても、他国の内政に口を出して攻撃することは、従来の国際法では認められていなかったことです。哲学者カント（一七二四〜一八〇四）も『永遠平和のために(9)』という小篇で、《いかなる国家も、ほかの国家の体制や統治に、暴力をもって干渉してはならない》と述べています。

米国と英国は「イラクが大量破壊兵器を製造・保持しているから」という理由も挙げましたが、全土を占領してみても証拠は見つかりませんでした。一方的な開戦に反対したフランスとドイツは軍隊をイラクに送りませんでしたが、日本の小泉純一郎首相は米国の説明をそのまま受け入れて「人道支援」の名の下に自衛隊を派遣してしまいました。

米国では、このイラク攻撃を「正義の戦いだ」として認めるキリスト教会が相次ぎました。[10] 南東バプテスト神学校の教授らは、『旧約聖書』の《主は正しい人のために力を／完全な道を歩く人のために盾を備えて／裁きの道を守り／主の慈しみに生きる人の道を見守ってくださる。また、あなたは悟るであろう／正義と裁きと公平はすべて幸いに導く》(「箴言」二・七〜九) という言葉を引用し、「聖戦」として扱いました。『旧約聖書』にはこうした「正義」を語る箇所があちこちにあり、その激烈さにはたじろいでしまいます。

《万軍の主はこう言われる。イスラエルがエジプトから上って来る道でアマレクが仕掛けて妨害した行為を、わたしは罰することにした。行け。アマレクを討ち、アマレクに属するものは一切、滅ぼし尽くせ。男も女も、子供も乳飲み子も、牛も羊も、らくだもろばも打ち殺せ。容赦してはならない》(「サムエル記上」一五・二〜三)

もちろん、米国にはイラク攻撃を批判する教会や信徒も少なくありません。二〇〇四年秋の大統領選挙でブッシュ氏は再選されましたが、国論は二分され、かろうじて過半数を占めたにとどまりました。

ローマ教皇をはじめ、米国を除くカトリック教会のほとんどがブッシュ政権を批判しました。日本のカトリックでは、イラク攻撃を前にして、井上洋治神父が『南無《なむ》の心に生きる』(11)を出しました。もともとがユダヤ教の聖典である『旧約聖書』はあまりに父権的・威圧的であるとし、イエスの母性的な優しさを伝える『新約聖書』こそが本当のキリスト教だ、と主張しています。旧約・新約の二つを合わせて聖典としてきたキリスト教の伝統に対して、その転換を迫る大胆な提言です。たとえばこう書いています。

《民族宗教としてのユダヤ教の否定と超克の上に成り立つ全人類のためのイエスの教えには「聖戦」の思想は全く見られない。乞われれば敵国であったローマの将校の家をも訪れようとしたイエスであったし、ユダヤ人たちを敵視していたサマリア人の婦人にも、こちらから声をかけられるイエスであった》

法句経の教え

なぜ人を殺してはいけないか。仏教からはどう答えるのでしょうか。こちらはもともと無霊魂説といってもいい宗教ですから、「いのち」をモノのように考えて大切にする答え方はできません。また、善と悪、正と邪、生と死、心と体、といった二元論的な対立を超える哲学なので、殺人は絶対的に悪である、と断言もしません。仏教の「五戒」には「不殺生」の戒めがありますが、これとても社会的秩序を保つためのルールであって、モーセの「十戒」のような絶対的な命令ではないように思います。

そこで、どう教えられてきたかといえば、次の「法句経《ほっくきょう》(ダンマパダ)」の言葉が有名です。

《すべての者は暴力におびえ、すべての者は死をおそれる。己《おの》が身にひきくらべて、殺してはならぬ。殺さしめてはならぬ[12]》

自分自身がいとおしくない人間はいない。同じように、他人も自分がいとおしいのだ。だから、他人を殺してはいけない、という論理です。超越者の命令を持ち出すことなく、相対的に不殺生を説いているわけです。これなら、神仏を認めない唯物論や無神論の社会でも通用するかもしれません。世の中には「いや、オレは殺されたってかまわない。それでも、あいつを殺してやる」などとわめく暴れん坊もたまに出てきますが、そうした人間にかぎって、ためしに「それじゃあ」といきなり拳骨を繰り出すと、さっと身をかわすものです。強がりはいっても、じつは自分がかわいいのです。

この経文でもう一つ大切なのは、最後にある「殺さしめてはならぬ」という部分です。自分が殺してはいけないだけでなく、もし隣人が人を殺そうとしていたら制止しなさい、というのです。島国育ちの日本人は世界各地で起きている争いにとかく無関心ですが、もっと積極的に「争いはやめましょう」と呼びかけるべきなのです。争いの原因が貧困であるなら、可能な限り経済的な援助もしたいものです。援助といっても、米国のように勝手に軍隊を繰り出して秩序を押しつけることではありません。むしろ、そういう思い上がった友人がいたら、いっしょになって後押しするのではなく、思いとどまるように説得するべきです。みなさんだって、弱いものいじめをしている友だちがいたら、小声で「やめろよ」と注意するはずです。それこそが本当の友情ではないでしょうか。

先の「法句経」には、もう一つ有名な教えが載っています。二〇〇一年に米国で同時多発テロ事件が起きたとき、日本やアジアの仏教団体の多くはこの一節を引用して「テロを憎み、報復を憂える」といった趣旨の声明を発表していました。

《実にこの世においては、恨みに報いるに恨みを以てしたならば、ついに恨みの息《や》むことがない。恨みをすててこそ息む。これは永遠の真理である[13]》

原始以来、人類は復讐を繰り返してきました。まさに「目には目を、歯には歯を」の歴史でしたが、ゴータマ・ブッダやイエスの登場で報復の連鎖を止める思想が生まれたのです。たとえば、中世日本の美作《みまさか》（現在の岡山県）には、漆間時国《うるまときくに》という豪族がいました。夜襲を受けて瀕死の傷を負ったとき、九歳の息子を呼んでこう諭《さと》して絶命しました。

《汝《なんじ》さらに会稽《かいけい》の恥（敗戦の恥辱）をおもひ、敵人《あたびと》をうらむる事なかれ、これ偏《ひとえ》に先世の宿業也。もし遺恨をむすばゝ、そのあだ世々につきがたかるべし。しかじはやく俗をのがれ、いゑを出て、我菩《ぼ》提《だい》をとぶらひ、みづからが解脱を求《もとむ》には……[14]》

仇討ちをすれば、向こうもやりかえし、殺しあいが限りなく続く。それよりは仏門に入って勉強しなさい、と教えたのです。息子は遺命を守って比叡山に登り、のちには法然上人と呼ばれるようになりました[15]。

菊池寛が実話にもとづいて書いた「恩讐《おんしゅう》の彼方へ[16]」という小説もあります。偶然から主人を殺してしまった市九郎は禅僧となって諸国を歩いていましたが、ある九州の村で地元民が崖道に難儀をしていることを知り、一人でトンネルを掘り始めます。十九年の歳月をかけてノミを振るっていると、実之助という青年が訪ねてきて「親の敵《かたき》、覚悟せよ」と刃《やいば》を向けてきました。しかし、村人らの懇願でトンネル開通の日まで仇討《あだう》ちは延期され、待ちきれない青年も掘削を手伝うようになります。そして、とうとう二十一年目に開通したとき、二人はともに手を取り合って涙にむせんだ、という「青の洞門」として知られる物語です。

こうした話を聞くとき、愚かな人類ではあっても、それを乗り越えんとした先人たちのいたことを教えられます。宗教は憎しみ合いの元凶のようにいわれていますが、そうでしょうか。本当の原因はむしろ、その地域の政治や経済の問題ではないか、とも思います。

よくて殺さぬにはあらず

ところで、仏教は「いかなる場合でも戦ってはいけない」という絶対平和主義なのでしょうか。じつは、そうでもないようなのです。ゴータマ・ブッダは晩年、自分の生まれ育った釈迦族が攻められたとき、侵攻軍が攻め上ってくる道の傍らで坐り込みます。指揮官を説得して二度にわたって思いとどまらせるのですが、三度目は強いて止めませんでした。[17] 現代の平和運動家ならば何度でも座り込むだろうに、と不思議な感じもします。正と邪、善と悪、生と死といった対立的思考を避けるように、戦争と平和にも超然としていたのでしょうか。

戦争の問題について、仏教はどこか傍観者的な感じを受けます。「殺してはならぬ」の教えは消極的に守っているとしても、「殺さしめてはならぬ」という積極的な行動は鈍い気がします。たとえば、

「無量寿経」[18]は浄土の情景について《天下《てんげ》和順し、日月《にちがつ》清明たり、風雨時をもってし、災厲《さいれい》（天災や疫病）起こらず、国豊かにして民安んじ、兵戈《ひょうか》（軍隊や武器）用いることなし》と描写していますが、自然災害と人間の起こす戦争とを同列に並べている印象を受けます。[19]

世間を捨てた出家者は世俗権力や社会の動きから遠ざかって暮らしていますから、戦争も平和も作り出す主体にはなりえない、という無力感があったのかもしれません。

しかし、日本の聖徳太子（五七四〜六二二）は違いました。仏像や仏塔を焼いた排仏派の物部守屋《もののべもりや》らを受容派の蘇我馬子《そがのうまこ》らが討ったとき、十四、五歳だった太子は蘇我側について参戦します。二十歳で摂政《せっしょう》になりますが、その後も若いころの戦争行為を否定した様子はありません。代表的な著作である『法華義疏《ほっけぎしょ》』[20]では「山の中で坐禅をするだけでは、だれがこの社会に仏教を広めるのか」などと仏教者の隠遁的傾向を批判しており、皇太子として、政治家として、あくまでも現実のなかで物事を考えていたようです。いざというときには武力の行使も辞さない、という姿勢だったでしょう。

六百年後に生まれた親鸞は、その聖徳太子を深く尊敬していました。夢の中に現れた太子から、貴重な助言を受けた逸話もあります。そして、太子らの物部陣営に対する戦争については、次のような歌も作っています。[21]

このとき仏法滅せしに
悲泣懊悩《ひきゅうおうのう》したまひて

陛下に奏聞《そうもん》せしめつつ
軍兵を発起《ほちき》したまひき

「仏法が滅びる危機だったので、天皇と相談したうえで軍を挙げた」として、やむを得なかった戦いと位置づけているのです。となると、親鸞は部分的戦争肯定論者だった、ということにもなります。しかし、二行目の「悲泣懊悩したまひて」というあたりに注目すると、戦争をただ褒め称えていたわけではないことも分かります。

大岡昇平（一九〇九〜八八）の自伝小説『俘虜記《ふりよき》』(22)に、フィリピン戦線に派遣された主人公がアメリカ兵と遭遇し、発砲すべきかどうか、迷う場面があります。兵士として召集された以上、敵兵を殺すことは正当な任務でしょうが、主人公にとってはそう簡単ではありませんでした。発砲が遅れればこちらが殺される、という極限状況の中で感じたためらい、殺人への嫌悪について、作者はこう説明しています。

《この嫌悪は平和時の感覚であり、私がこの時既に兵士でなかったことを示す。それは私がこの時独《ひと》りであったからである。戦争とは集団をもってする暴力行為であり、各人の行為は集団の意識によって制約乃至《ないし》鼓舞される。もしこの時僚友が一人でも隣にいたら、私は私自身の生命の如何《いかん》に拘《かかわ》らず、猶予なく射っていたろう》

この小説の巻頭には、親鸞の語録『歎異抄』にある《わがこころのよくてころさぬにはあらず》という言葉が掲げられています。良心があるから殺さないのではない、その時の状況や環境によってたまたま殺さなかっただけだ、「殺す、殺さない」は自分の計らいを超えたことであり、そのことを忘れずに生きていこう、といった自戒の言葉です。硬直的で形式的な倫理の限界を踏まえつつ、弱くて悲しい自分を見つめていこう、という親鸞の気持ちがよく表れている作品のように思います。

戒と律

仏教には「戒律《かいりつ》」という熟語があって、意味は「戒」と「律」とに分かれます。前の「戒」という言葉は、在家《ざいけ》も出家《しゅつけ》も守るべき精神的・自律的な戒めのことで、特別な罰則もないほどに当然なことです。いわば大原則であって、現代の法体系なら憲法や基本法にあたります。次の「律」は、集団として守らなければならない決まりのことです。それぞれの組織が罰則も含めて文章などにして定めます。いわば現実の細かい問題に対処するもので、憲法の下位にある法律や条令にあたるでしょう。

宗教からの「殺すなかれ」という戒めは、大原則である「戒」になります。何はともあれ尊重しなければならないのです。戦争をしてはならない、他国を侵略してはならない、ということは、常識を持つ人間なら否定できるはずがありません。

日本国憲法第九条は《日本国民は、正義と秩序を基調とする国際平和を誠実に希求し、国権の発動たる戦争と、武力による威嚇《いかく》又は武力の行使は、国際紛争を解決する手段としては、永久にこれを放棄する。②前項の目的を達するため、陸海空軍その他の戦力は、これを保持しない。国の交戦権は、これを認めない》とうたっています。批判はいろいろありますが、この願いこそが、ブッダやイエスからカントやガンディーやキングまで、世界の聖者や賢者が説いてきた大原則、つまり「戒」と考えていいはずです。

しかし、世界を見回してみると、偏狭で、自分勝手で、おかしな権力者や政府が存在することも事実です。二十世紀後半だけでも、旅客機を爆破したり、無辜《むこ》の市民を拉致《らち》したり、人肉を食べたり、麻薬を売買したり、毒ガスを自国民にばら撒いたり、といった指導者が次々に現れました。新聞記者として物事を冷静に見ることを教えられてきた私としては、その厳しい現実を無視することもできないのです。

ガンディー流の「非暴力」だけでは、かえって世界の秩序が維持できなくなる、という面もあるように思います。先のボンヘッファーが例として挙げていた「大通りを暴走する酔っ払い運転の自動車」に対しては、何らかの強制力をともなった対策も必要でしょう。国際連合が警察力を持つとか、各国が最低限の防衛力を持つといったことです。時代や周囲、つまり状況に応じて、一定の抑止力を持つことは必要かもしれません。理想は戦争否定なのですが、やむを得ない場合には反撃できるようにもしておく、ということです。

ただし、日本の自衛隊が「専守防衛」の水準を超えて、量的にも質的にも巨大化していることを指摘する人は少なくありません。そうならば、当面の選択としては、状況を見ながら縮小していくことです。最低限の撃退力は見せつつ、あとは平和国家であることを国際世論に訴えていってはどうでしょうか。

近年、保守陣営や一部のマスコミから「現実離れしている憲法を改めよう」という主張が強く出されています。しかし、そこでもう一度、よくよく考えてほしいのです。現実に合わないからといって、「戦争と武力の放棄」という憲法の理想までも捨てるべきでしょうか。これはこれで、すばらしい願いのはずです。お釈迦さまやイエスさまの教えが結実していると思いませんか。それをなぜ、わざわざ「改正」しなければならないのでしょう。それでは「戒」、つまり大原則を捨てることになります。何とも惜しい話です。

私は「戒」は「戒」として残しておくべきだ、という考えです。第九条にはたしかに現実にそぐわない面もあります。しかし、警察官がピストルを発射しなければならない事件が起こりうるからといって、大原則の「殺すなかれ」まで捨てるべきだ、とはいえないでしょう。そうではなく、理想は理想として、高く掲げておきたいのです。どうしても困ったことが起こりそうなら、そのときに応急・臨時の方法としての「律」を工夫すればいいことです。国会で十分な審議をして、暫定的な対策を法律という形でつくるわけです。

その審議にあたっては、何とか最小限の犠牲で解決をはかるための自制、つまり前回の授業でお話しした「むさぼるな」の精神を尊重してほしいものです。

終業ベルがとうに鳴っています。話の筋道は理解していただけましたか。たとえば、私はしばしば

「五戒」にある「不飲酒《ふおんじゅ》」を破っています。私にはもともと無理な注文とわかってはいるのですが、かといって、あの戒めを「改正すべきだ」などとは思いません。あの戒めがあるからこそ、夜更けになって「今晩はこのくらいでやめておこう」という気になるのです。翌朝には前夜の行状を振り返り、心から反省もするわけです。叱られるかもしれませんが、これこそが大人の生き方だ、とひそかに思ってているわけです。

注

(1)『新約聖書』「マタイによる福音書」(二六・五二)

(2)『バガヴァッド・ギーター』(上村勝彦訳、岩波文庫、一九九二年)

(3)ガンディー『ガンジー自伝』(蠟山芳郎訳、中公文庫、一九八三年)

(4)クレイボーン・カーソン編『マーティン・ルーサー・キング自伝』(梶原寿訳、日本基督教団出版局、二〇〇一年)

(5)宮田光雄「《山上の説教》の問いかけるもの」(岩波書店『宮田光雄集〈聖書の信仰〉V 平和の福音』所収、一九九六年)参照。

(6)宮田光雄『ボンヘッファーを読む』(岩波書店、一九九五年)参照。

(7)ディートリッヒ・ボンヘッファー『現代キリスト教倫理』(森野善右衛門訳、新教出版社、一九六二年)

(8)カール・バルト『キリスト教倫理』第三巻(村上伸訳、新教出版社、一九六二年)

(9)エマヌエル・カント『永遠平和のために』(宇都宮芳明訳、岩波文庫、一九八五年)

（10）米国のキリスト教保守主義については、森孝一『宗教からよむ「アメリカ」』（講談社選書メチエ、一九九六年）、同『「ジョージ・ブッシュ」のアタマの中身』（講談社文庫、二〇〇三年）が参考になる。
（11）井上洋治『南無の心に生きる』（筑摩書房、二〇〇三年）
（12）中村元訳『真理のことば・感興のことば』（岩波文庫、一九七八年）所収。
（13）前掲『真理のことば・感興のことば』所収。
（14）『法然上人絵伝』（大橋俊雄校注、岩波文庫、二〇〇二年）
（15）石上善應『おおらかに生きる――法然』（中央公論新社、二〇〇〇年）が入門書としてわかりやすい。
（16）菊池寛『藤十郎の恋・恩讐の彼方へ』（新潮文庫、一九七〇年）所収。
（17）中村元「原始仏教の社会思想」（春秋社『決定版・中村元選集』第十八巻所収、一九九三年）
（18）中村元ほか訳註『浄土三部経』（岩波文庫、一九六三年）所収。
（19）これ以下、聖徳太子と親鸞の戦争観についても、内藤知康氏の論文「真宗教学と和平」を参考にさせていただいた。日本仏教学会編『仏教における和平』（平楽寺書店、一九九六年）所収。
（20）聖徳太子『法華義疏』（花山信勝校注、岩波文庫、一九七五年）
（21）「皇太子聖徳奉讃」（岩波文庫『親鸞和讃集』所収、名畑應順校注、一九七六年）
（22）大岡昇平『俘虜記』（新潮文庫、一九六七年）

第12週　宗教理解の四段階

第一段階「迷う」

私の講義も十二回目、今回で終わりです。最後に、宗教を理解するには四つの段階があることをお話しします。

入学試験の失敗とか、失恋とか、肉親の病気とか、勤務先の倒産とか、最後は不治の病まで、人生にはさまざまなことが待ちかまえています。そうしたことに出くわしたとき、「自分だけは大丈夫だ」と思っている人でも、とかく怪しい世界に迷い込むものです。でも、そこで、ぐっと我慢してほしいのです。「信じれば、救われます」などとやさしい言葉をかけてくる人もいますが、その相手をよくよく見極めましょう。まず、魑《ち》魅《み》魍《もう》魎《りよう》を振り払い、呪術や怨霊の世界を拒否することです。

いわゆるカルトだけではありません。伝統宗教や新宗教を信じる人の中にも、本人は善意のつもりかもしれませんが、時代遅れの迷信や狂信を勧める人はいるものです。そうした信仰は、一時の気休めになっても、結局はあなたをまちがった方向に導き、ときには宗教ぎらいにさせてしまうかもしれません。ともかく、科学や理性を否定する話には乗るべきではありません。これまでに学校で勉強した理科や社会科の知識を思い出し、怪しげな誘いはきっぱり断りましょう。

もちろん、カルトや迷信を拒否できたとしても、悩みや苦しみ、罪悪感や悔恨が消えるわけではありません。もがき続けて自暴自棄になり、お酒や馬鹿騒ぎで紛らわす誘惑に駆られるかもしれません。しかし、そんなことであなたの絶望は解決しないはずです。逃げ出さないで、しっかり状況を見つめてほしいのです。仮に挫折を経験したのなら、自分の抱いていた望みがそもそも無理だったのではないか、自分の資質とは違っていたのではないか、などと考え直すことが先決です。見栄や名誉、お金や気がねといったこだわりを捨ててしまえば、意外に早く再出発できるものです。

そして、ほかのだれのせいでもない自分自身の責任と、真正面から向き合わなければなりません。他人に迷惑をかけたり、道徳や倫理に背いたり、振り返ると、この自分がいやになることばかりです。その罪意識と悔恨は生涯、消えないでしょう。そうした現実を他人のせいにしないで、自分自身で引き受けることです。

そこまで落ち込むと、まったくの孤独であり、不安であり、絶望といっていい状態です。といって、自ら死を選んでも、平安があるとは限りません。来世から戻ってきた人はいないのであり、死んでから救われるというのは、一つの仮説にすぎません。何の保証もないことです。それなら、どうせいつかは死ぬ身ですから、もう少し我慢してみましょう。当面は逃げないで、苦しみ抜くことです。

どうしても逃げたくなったら、たとえば、アルベール・カミュの『シーシュポスの神話』(1)を読んでみましょう。《真に重大な哲学上の問題はひとつしかない。自殺ということだ》という文章で始まる、なかなか歯ごたえのある評論です。

それが面倒な人は、禅宗の第三祖・僧璨《そうさん》和尚（?～六〇六年）の「信心銘《しんじんめい》」にある短い詩に挑戦してみませんか。なかなか難しいので、考え出すと、死ぬ暇もなくなるはずです。

二由一有　二は一に由《よ》って有り、
一亦莫守　一もまた守ることなかれ。
一心不生　一心生ぜざれば、
萬法無咎　万法、咎《とが》無し。

鈴木大拙は《有無など云ふ二は元来絶対一又は絶対無の故にあるのであるが、この一も一として守られてはならぬ。さうすると、一はまた二になる。一心さえも生起してはならぬ。それがなければ万法――個他の世界――はそのままで何等《なんら》の過失もないのである。現実の世界はそれなりに肯定してよいのである(2)》（傍点は原文）と解説しています。これであなたは解けたでしょうか。いやいや、必死に考えている間は、まだ分かっているとはいえません。

第二段階「気づく」

苦しみ抜いて、懺悔して、そのあげくに何が残るでしょうか。何もない虚無であり、黒々とした闇です。希望はもちろん、絶望もない世界です。あなたの色艶のない顔を見て、家族も友人も「生ける屍《しかばね》」と見るかもしれません。そうであっても、ひるんではいけません。あえてそのまま、じっと数週間、数か月、あるいは数年、静かに耐えましょう。精神科の病院にお世話になるかもしれませんが、信頼できる医師であれば、それも素直にお任せしましょう。なるべく世間とのつきあいを避け、仕事も勉強も最低限のこと以外は断ることです。

そうしている間に、遠くの向こうに、自分の外に、神やら仏やらが見えてくるかもしれませんが、そんなものに惑わされてはいけません。それはすべて悪魔か幽霊の類です(3)。

そうではなくて、ある日、自分の中に何かムクムクと、大きくなってくるものがないでしょうか。目をつぶっていると、遠くから小鳥のさえずり、ゴミ回収車のチャイム、風雨の音、子どもたちの笑い声などが聞こえてきませんか。天気の良い日に散歩をしてみると、冬の陽だまりにも雑草が芽を出していて、春の訪れを感じさせてくれます。そうした小さな風景を一つひとつ、よし、よし、と受け入れていくのです。

自分を内外から包み込んでいる何かを、理屈ではなく、体で感じることです。そうなると、この世界がずいぶんと違って見えてきます。この小さな発見を、念仏詩人と呼ばれた榎本栄一（一九〇三

〜一九九八）は「わが暗やみ」[4]という作品でこう書いています。

わがこころの
暗やみに　気づいたら
遠くで　小さな星が　ひかります

この「星」は天上ではなく、あくまで心の暗い奥底でかすかに光るのでしょう。劇的に輝くこともありますが、むしろゆっくりと、日々少しずつ輝いてくるものです。こうした変化に気づいたからといって、神とか、仏とか、天とか、浄土とか、急いで名づけなくていいのです。そんなことは、どうでもいいことです。その体験、その感動が先なのです。当分は、自分の中に育ってきた小さな小さな喜びを、だれにも話さないで、そっと大切にして過ごしてはどうでしょう。ここがもっとも肝心なところです。この感激のない宗教や信仰は、表向きの形はどうであれ、形式だけのひからびたものになってしまいます。

第三段階「建てる」

第三段階で気づいた感動を、そのまま凍結しておくこともできます。だれにも話さないで、ひっそりと生きていくのです。それはそれでかまわない気もします。しかし、感動は一瞬のことですから、そのままにしておいたのでは、忘れてしまったり、ふたたび妖怪変化の世界に迷い込んだりもします。そうならないためには、感動を何か美しい形にしておきたくなります。このあたりが、宗教の世界と、哲学や心理学との分かれ目です。意志の強い人なら神仏抜きでも大丈夫でしょうが、神を否定したはずの旧社会主義国の人々が、怪しげな呪術やスターリンらの個人崇拝に陥った歴史も思い出したいものです。

あの感動や喜びをどうやってわかりやすい「形」にするべきでしょうか。それには、物語やシンボルが必要になってきます。宗教の神話や説話はこうして生まれてきたように思います。イエスの復活や法蔵菩薩の誓いといった物語、十字架や仏像、浄土や天国、そして神や仏という言葉さえも、感動の姿をあえて「形」とするために建てられた、とも考えられます。仏教では「方便」といいますが、この言葉に抵抗を感じる場合は「神話」と置き換えてもいいでしょう。

世間には「大いなる超越」を実体として説く人がいますが、私は警戒心のほうが先に立ってしまいます。勘違いしている人も多いのですが、偉大な開祖や祖師のもともとの言葉を読み返してみると、彼らは自分自身の感動を、わかりやすい「たとえ話」として語っていただけなのです。ですから、浄土や神の国とは「心のありよう」の情景であり、神や仏とは「生き生きとした感動」の働きだろうと、私は理解しています。

ここまでの過程は九回目までの授業でお話ししました。これは私だけの考えではありません。作家の真《ま》継《つぎ》伸《のぶ》彦《ひこ》さんも『心の三つの泉——シャーマニズム・禅仏教・親鸞浄土教』[5]で「三つの泉」として説明しています。私の述べた第一段階はシャーマニズムによる「迷い」として、第二段階は禅仏教による「悟り」として、そして第三段階は親鸞浄土教の「阿弥陀仏」の発見にあたるわけです。

第四段階「還る」

真継さんは三段階説でしたが、私はもう一つ挙げたいと思います。自分だけの世界から他人にも目を向ける。自分だけの完成にとどまらないで、この社会の現実と取り組む。つまり、慈悲や愛といったことです。

高校や大学に通っていたころ、私はずっと自分に自信が持てないでいました。迷い、悩み、堕落し、悪の誘いにも乗りました。一方で、周囲には資本主義社会の変革やアメリカ帝国主義の打倒を唱える友人がいました。その激しい言動にはしり込みもしましたが、といって、彼らの情熱はよく理解できました。それに引き換え、何とだらしない自分か、怠惰な毎日よ、と思っていたのです。そうしたとき、ドストエフスキーの小説『白痴』(6)を読んでこんな言葉に出あいました。主人公イポリートの言葉です。

《いったんもう「われあり」ということを自覚させられた以上、この世があやまちだらけであろうと、そのあやまちなしにはこの世が立っていけまいと、そんなことはぼくにとってなんの関係があるというのだ？》

「われあり」という言葉は、先ほどの第二段階で述べた「気づく」ということです。(7)いわば、実存哲学の世界、あるいは宗教的真理への目覚めですが、私はむしろイポリートの言葉の後段に飛びついたのです。ドストエフスキーが怠惰を正当化して、主人公に「そんなことはぼくにとってなんの関係があるというのだ？」と居直らせている部分です。正直なところ、ホッとしました。そうなんだ、世界で百万人が飢えていようが、殺し合いをしていようが、この絶望と歓喜の世界とは何の関係もない。この穴倉に住み続けよう、自分にはそれしか道がない、とわが身に言い聞かせました。この状態をドストエフスキーは『地下室の手記』(8)で、いささか自嘲《じちょう》気味に「強度の自意識を持つねずみ」とも書いていました。

こうした世界に深く身を置くと、とかく内面に沈潜しがちになり、世の中の動きには無関心になります。世界の貧困や平和のことはもちろん、日々の生活や世間との交際といった「俗事」も放り出したくなります。このこと自体は、人生の大切な一局面です。こうした段階を一度も体験しないで、革命だ、愛だ、平和だ、と絶叫しているだけでは、本当の革命家でも宗教者でもない、と私は思いました。そんな奴らに人間の真実がわかるものか、とうそぶいていました。

しかし、しばらく寝転んで過ごすうちに、やはり、これでいいのだろうか、とも思えてきました。現実から逃げ出し、それでいて本当に出家遁世《しゅつけとんせい》する勇気もなく、ほどほどの給料をもらって、妻子のためだけに日々を送る。そういう生き方は何となく退屈な気がしてきたのです。そもそも宗教や哲学に関心を持つようになったのは、この世界の矛盾に対して疑問や怒りを感じてのことだったはずです。やはり、少しは世間さまのことも考えなければ、と思い直したように思います。そんな迷いの中で、革命家でも隠遁《いんとん》者でもなく、私は新聞記者という道を選んだのでした。

もちろん、世の中にはもっともっと立派な方がおられます。たとえば、仏教を深く学びつつ、皇太子として現実の政治にも向き合わねばならなかった聖徳太子（五七四〜六二二）です。著書『法華義疏』[9]でこう述べています。

《転倒《てんどう》分別の心有るに由《よ》るが故に、此《ここ》を捨てて彼の山間《やまのあいだ》に就《ゆ》きて、常に坐禅を好むなり。然れば則ち、何の暇《いとま》ありてか此の『経』を世間に弘通《ぐずう》することをえん。ゆえに知りぬ、「常に坐禅を好む」は、猶応《なおまさ》に親近《しんごん》せざるの境《きょう》に入るべきことを》

「個人の救いを求めて山奥で暮らすことは、ひっくり返った考え方だ。そんなことでは肝心の仏教をだれが広めるのか。坐禅ばかりしているようでは本当に仏法がわかったとはいえない」という痛烈な批判でした。

江戸時代の禅者・至道無難《しどうぶなん》（一六〇三〜一六七六）にも《生きながら仏となれる印には　坐禅の床にをらぬなりけり》とか、《生きながら死人となりてなりはてて　思ひのままにするわざぞよき[10]》という歌があります。悩みがあって仏道を求め、修行や坐禅や念仏を覚える。そのかいあって、なんとか平安を得られるようになったとします。しかし、無難禅師は喝破《かっぱ》するのです。「生きながら悟りたいのなら、修行だけしていればいいのではない。立ち上がって、世のためにとっとと働け。死んだ気になって、何にでも思う存分励むことが大切なのじゃ」というわけです。

『新約聖書』の「マタイによる福音書」十七章にも、イエスが弟子二人を連れて山に登る話があります。静かで、宗教的な雰囲気のある所だったのでしょう。イエスは、とうの昔に死んだ預言者モーセとエリヤに出会い、長時間、話し合っていたそうです。それを見ていた弟子のペトロは《主よ、わたしたちがここにいるのは、すばらしいことです。お望みでしたら、わたしがここに仮小屋を三つ建てましょう。一つはあなたのため、一つはモーセのため、もう一つはエリヤのためです》と提案しました。わずらわしい人里を離れて、小さな庵《いおり》を結んで、隠者として本でも読みながら暮らしてはどうか、という進言です。どう答えたかは記されていませんが、イエスはさっさと山を降り、ふたたび民衆の中に戻っていきます。そして、保守的なユダヤ教徒の反感を買い、最後には死刑となったのでした。(11)

往相と還相

浄土教には「往相回向《おうそうえこう》、還相回向《げんそうえこう》」という言葉があります。往相とは浄土に「往く」という意味で、還相は浄土からこの穢土《えど》に「還る」ことです。

この「浄土」については大変な議論があり、「死後に生まれ変わる世界」と教える僧侶が多いことは八週目の授業でお話ししたとおりです。しかし、私は、死後の「あの世」のことではなく、あくまで「ここを去ること遠からず。浄土はここにあり」と考える立場からお話ししています。絶望と悲しみの末に、現実をありのままに「よし」と受け入れ、気がついた静寂の世界こそが「浄土」なのです。キリスト教の場合なら「神の国」にあたるでしょう。その状態に至る心の働きが「往相」ということになります。禅の世界なら「悟る」、浄土教なら「往生」ということです。そして、その状態にとどまってはいないで、この穢土の現実問題にふたたび関与する。衆生《しゅじょう》の苦しむ世界を見直して、何らかの行動を起こす。イエスのように、山から降りてくる。それを「還相」というのだと思います。

このあたりを理解していただくには、ぜひとも、黒沢明監督の映画「生きる」(12)を観てください。志村喬が演じる主人公は、市役所に永く勤めてきた堅物《かたぶつ》の市民課長です。ある日、「胃ガンで、あと半年の寿命」と知ってしまいます。狼狽《ろうばい》してまず酒を飲み、悪い友だちに誘われ、歓楽街にも出入りしてみますが、死への恐怖と絶望は消えません。

そして、偶然に出会った部下だった若い女性に「課長さんだって、何か生涯をかけてやりたいことがあるでしょ」といわれて、ハッと気がつくのです。そうだ、とある境地に達します。例の「回心」です。黒沢監督はこの生まれ変わる場面に「ハッピー・バースデー・トゥー・ユー」という合唱を背景に流しています。「新生」を表しているわけで、まさに「往生(生に往く)」を描いています。

主人公は病気でまもなく死ぬ身ですから、出世とか左遷とか蓄財とかはもう関心の外になっています。上司も暴力団も怖くありません。まさに自分の心の持ちようで、浄土に生まれ変わったわけです。以上が「往相」ということです。

そうした境地になってみて、彼は自分の生涯の中でなすべきことを改めて知ります。人生最後の仕事として、懸案の児童公園を造る仕事に没頭します。怖いことは何もなく、政治家の抵抗や暴力団の脅しにもひるみません。ひたすら市民のために公園建設へ突っ走って、最後は完成した公園のブランコに乗りながら旅立ちます。その鬼神もひれ伏す働きぶりに、遺された同僚たちは「課長の心に何か浄らかな働きがあったのではないか」と語り合ったのでした。こうして穢土の問題、つまり現実社会に立ち戻る過程が「還相」なのだ、と私は解釈しています。

大死一番

キリスト教は「愛の宗教」と呼ばれています。イスラーム教国を勝手に攻撃した十字軍の歴史や、二〇〇三年春にイラクを侵略したアメリカの横暴さを思い浮かべると、実際はかなり疑わしい呼び名です。自分たちの正義を押しつける宗教という疑いは拭えないのですが、一方でマザー・テレサのような立派な人物が数々いたことも事実です。アメリカ大陸を発見したあとで原住民を大虐殺したキリスト教徒もいれば、その極悪非道ぶりを告発したラス・カサスのような聖職者もいました(13)。

ここではひとまず、善い面だけを見ながら話を進めることにしましょう。この「愛」の実践は、前回の講義でも紹介したイエスの「山上の説教」から始まっています。『新約聖書』の「マタイによる福音書」(五・三八~三九)では、『旧約聖書』にある「目には目を」という復讐の命令を否定しつつ、こう教えています。

《あなたがたも聞いているとおり、「目には目を、歯には歯を」と命じられている。しかし、わたしは言っておく。悪人に手向かってはならない。だれかがあなたの右の頰《ほお》を打つなら、左の頰をも向けなさい。あなたを訴えて下着を取ろうとする者には、上着をも取らせなさい》

ほとんどの人は「そんなことはできっこない」と思うでしょう。暴力を受けてさらに暴力を振るわせたり、泥棒にさらに盗ませたりすることは、常識では考えられません。この世の中には幼い子どもを含む一家を皆殺しにして金品を奪う強盗さえ存在するのです。そんなニュースを聞くにつけ、わざわざ犯罪者を助けるような教えはいかにも現実離れしているように見えます。

しかし、そんな実践をする人物もたまにはいるのです。一例を挙げれば、曹洞宗の僧侶だった良寛（一七五八〜一八三一）です。弟子・解良栄重《けらよししげ》の記録によれば、こんなことがあったそうです。(14)

《盗《とう》あり。国上《くがみ》の草庵に入るものの、盗み去るべきなし。師の臥褥《がじょく》をひきて、密《ひそ》かに奪わんとす。師、寝《いね》て知らざるものの如くし、自ら身を転じ、その引くにまかせ、盗み去らしむ》（読み下し文）

ある夜、良寛の住む庵《いおり》に泥棒が入りました。しかし、貧しい庵とて、盗むものなど見あたりません。そこで、賊は主人の寝ている敷布団を盗みにかかります。先刻から気配を感じていた禅師は、寝返りをするふりをして盗ませてやった、というのです。

どうして、こんなことができるのでしょう。良寛さんが過去に、この世で死んでいたからです。一切に絶望し、懺悔《さんげ》し、そして穢土で生き直しているからです。禅では「大死《だいし》一番《いちばん》、絶後《ぜつご》に再び甦る《よみがえる》」(15)といいます。一度は死んだ身になってこの世界を見回すと、世の実態がよく見えてきます。悲しくて弱い人間の何と多いことでしょう。乞食や泥棒や病人はもちろん、幸せそうに見える人でさえ、権力や財力におごっている人でさえ、よくよく見れば、いずれは死んでいく哀れな存在です。まさに、自分と同じように愚かで罪深い人間ばかりです。

そう思うと、すべての人が無性にいとおしくなります。そうかい、そうかい、布団がほしいのなら、さあ、持って行きなされ。帰りの夜道は気をつけてな、と良寛さんは考えたのでしょう。事件のあとに詠んだ《盗人にとり残されし窓の月》という句も残っています。

『新約聖書』の「アガペー」というギリシャ語は、日本では「愛」と訳されています。しかし、カトリックの井上洋治神父は「悲愛」と呼んでいます。[16]従来の「愛」という言葉では、恋愛や愛欲の「エロス」と勘違いされるからです。しかし、イエスの「アガペー」は、その背景に「大死一番、絶後に再び甦る」があるのです。新しく生まれ変わり、隣人たちを見回し、そのうえで一切をいとおしく思ったのです。だから、悲しい愛、悲しみが土台になった愛、という意味で「悲愛」と訳したい、と提言しているわけです。この「悲愛」に立ってこそ、初めて《だれかがあなたの右の頬を打つなら、左の頬をも向けなさい》が理解できるのではないでしょうか。

『新約聖書』の「ルカによる福音書」の第十章に「善いサマリア人」という物語があります。「隣人を自分のように愛しなさい」という言葉の意味を尋ねられたイエスは、こんな答え方をしたそうです。「一人の旅行者が追いはぎにあって半殺しにされて倒れていた。通りかかった同胞のユダヤ人たちは見てみぬふりをしたが、(敵対関係にあったはずの)サマリアの人は宿屋に連れて行って介抱してやった。どちらが本当の隣人か」という話です。ここには民族も宗教も超えて、人間が愛し合えることが示されています。人類愛の手本ともされる逸話です。

しかし、このサマリア人がただたんに生まれつきの「善人」や「義人」だったのなら、私のような凡夫には遠くて退屈な物語です。ただただご立派な聖人君子と思うだけでしょう。そうではなくて、このサマリアの旅人が、もしかして「悲愛」や「大死一番、絶後に再び甦る」を知っている「目覚めた人（仏）」であったとすれば、すべての人間がそこに至る道があるかもしれない、と思えてくるのです。

仏教徒の大切な目標として「四弘誓願《しぐぜいがん》」と呼ばれる誓いがあります。次の四項目で、大きな声で読み上げることもしばしばです。

①衆生無辺誓願度《しゅじょうむへんせいがんど》＝衆生を悟りの彼岸に渡そう。
②煩悩無尽誓願断《ぼんのうむじんせいがんだん》＝煩悩を滅しよう。
③法門無量誓願学《ほうもんむりょうせいがんがく》（または法門無量誓願知とも）＝深い教えを学ぼう。
④仏道無上誓願成《ぶつどうむじょうせいがんじょう》＝無上の悟りを成就しよう。

この並べ方に注目してください。普通の感覚なら、まずは自分の煩悩を断ち（②）、それから他人を救おう（①）、と考えるでしょう。しかし、四弘誓願は「誓願度」が先にあって、それから「誓願断」なのです。留学先の米国でこの点に気がついた若き鈴木大拙は、日本に残っている親友の西田幾多郎にこんな手紙を書き送っていました。

《「衆生無辺誓願度」のために「煩悩無尽誓願断」なり、もし第一願なくんば煩悩何がために断ずる必要あらん、否、煩悩を断じ得る最要件は実に度衆生の願に在り、こんな事はどうでも可《よ》いやうに思ふものもあらんが、予はまことの安心《あんじん》は第一句にありて、第二句にあらずと信ず、もしそれ然《しか》らずんば、吾《われ》はた何をくるしんで今日の境遇にぐづぐづしてをらん[17]》

悟りも信仰も、ただ自分の悩みを解決するためなのではない。他人を助けるためであって、そうでなければ何のためにこうやって苦しんでいるのか、というのです。大衆のために分かりやすい仏教書を数多く書き残した鈴木大拙が、いわば象牙の塔にこもって自分の哲学の完成を目指していた西田幾多郎を軽く批判しているようにも思いました。

最後に、中世イタリアのアッシジに生まれた聖フランチェスコ（一一八一？～一二二六）による「平和を求める祈り」の後半を紹介して、今学期の授業を終わりたいと思います。[18]

神よ　わたしに
慰められることよりも　慰めることを、
理解されることよりも　理解することを、
愛されるよりも　愛することを望ませてください。

わたしたちは与えることによって　与えられ、
すすんで許すことによって　許され、
人のために死ぬことによって、
永遠に生きることができるからです。

注

(1) アルベール・カミュ『シーシュポスの神話』(清水徹訳、新潮文庫、一九六九年)
(2) 鈴木大拙「禅の思想」(岩波書店『鈴木大拙全集』第十三巻所収、一九六九年)。秋月龍珉『信心銘・証道歌――禅宗四部録(下)』(春秋社、一九九一年)も参考になる。
(3) 阿部正雄『非仏非魔――ニヒリズムと悪魔の問題』(法藏館、二〇〇〇年)参照。
(4) 榎本栄一『念仏のうた――無上仏』(樹心社、一九九五年)所収。
(5) 真継伸彦『心の三つの泉――シャーマニズム・禅仏教・親鸞浄土教』(河出書房新社、一九八九年)
(6) ドストエフスキー『白痴』(木村浩訳、新潮文庫、下巻、一九七〇年)
(7) 親鸞に《弥陀の五《ご》劫思《こうし》惟《ゆい》の願をよくよく案ずれば、ひとえに親鸞一人《いちにん》がためなりけり》(『歎異抄』後序、金子大栄校注、岩波文庫、一九三一年)という言葉もある。
(8) ドストエフスキー『地下室の手記』(江川卓訳、新潮文庫、一九六九年)
(9) 聖徳太子『法華義疏』(花山信勝校注、岩波文庫、下巻、一九七五年)
(10) 市原豊太『無難・正受』(講談社『日本の禅語録』第十五巻、一九七九年)参照。
(11) ユルゲン・モルトマン『無力の力強さ』(田村信吾・蓮見和男訳、新教出版社、一九九八年)参照。
(12) 黒沢明監督「生きる」(一九五〇年、東宝)
(13) ラス・カサス『インディアスの破壊についての簡潔な報告』(染田秀藤訳、岩波文庫、一九七六年)参照。
(14) 解良栄重『良寛禅師奇話』(馬場信彦解説、野島出版、一九九五年)
(15)『碧巌録』四十一則(入矢義高ほか訳注、岩波文庫、中巻、一九九四年)
(16) 井上洋治『日本とイエスの顔』(日本基督教団出版局、一九九〇年)

(17) 鈴木大拙書簡一九〇一年一月二十一日付(西村惠信編『西田幾多郎宛　鈴木大拙書簡』所収、岩波書店、二〇〇四年)

(18) さまざまな翻訳があるが、多くのカトリック教会はこの訳文を唱和している。

付章　宗教教育の可能性

［以下は、碓井敏正編『教育基本法「改正」批判』（文理閣、二〇〇三年）へ寄せた拙稿に大幅な加筆・削除をしたものです。本書の背景を理解していただくために掲載します。］

公立学校で宗教は教えられるか

「公立学校で宗教を教えられないのは、戦後の教育が悪いからだ」と説く人々がいる。そんなことはない。一八九九年（明治三十二）の文部省訓令十二号[1]によって、日本の公私立学校では明治時代から宗教教育が禁止されていたのだ。敗戦後はむしろ、私立学校で可能になったし、公立学校でもかなりの部分は教えられるようになったはずだ。

ただし、文部省（現・文部科学省）や学校現場は宗教に逃げ腰だった。保守政治家は「即効性のない宗教教育より、道徳教育で愛国心や公徳心を教えたほうが早い」と考えてきた。革新側の教師たちも、おそらくは「宗教はアヘンなり」などと考えて消極的だった。そうした左右両陣営の姿勢が教育界全体にあって、学校から宗教を遠ざけてきたのである。つまりは宗教についての無知・無関心が背景にあるからであり、法律の不備で宗教が教えられなかったわけではない。

まず、公立学校で宗教教育は可能か、を考えてみたい。日本国憲法第二〇条第三項の《国及びその機関は、宗教教育その他いかなる宗教的活動もしてはならない》という規定を理由に、「公立学校では宗教についていっさい教えるべきでない」という意見がある。しかし、この第二〇条の意味は、特定の宗教のための宗派教育をしてはならない、ということだろう。すべていけないのではないはずだ。というのは、そのすぐあとに成立した教育基本法の第九条が次のようになっているからだ。

《第九条（宗教教育）宗教に関する寛容の態度及び宗教の社会生活における地位は、教育上これを尊重しなければならない。②国及び地方公共団体が設置する学校は、特定の宗教のための宗教教育その他宗教的活動をしてはならない》

日本国憲法と教育基本法の制定はほとんど時期を同じにしており、立法の意図が正反対だとは思われない。だから、憲法の真の意図は宗教教育の全面禁止ではなく、特定の宗派のための宗教教育を禁じた、と考えるほうが自然である。もちろん、教育基本法第一項については、「尊重さえしておけばいいのであり、教えよ、といっているのではない」という読み方もある。この条文だけを読むなら、たしかに分かりにくい。しかし、すぐ前にある第八条（政治教育）と読み比べれば、立法者の思いがどこにあったかが明らかになる。

《第八条（政治教育）良識ある公民たるに必要な政治的教養は、教育上これを尊重しなければならない。②法律に定める学校は、特定の政党を支持し、又はこれに反対するための政治教育その他政治的活動をしてはならない》

政治教育の重要性を述べる第八条の前半は、まず「民主主義の基本をしっかり教えたい」という願いがあって「尊重しなければならない」と書かれた文章である。そのうえで、第二項として「ただし、特定の政党を応援したり否定したりするようでは困りますよ」という断り書きをつけたのだ。となると、構文がそっくりな第九条も当然、同じ読み方をすべきだ。「宗教的寛容や宗教の地位はしっかり教えなさい。ただし、特定の宗派に片寄ってはいけませんよ」と読むのが自然ではないか。(2)

以上のことは、制定直後の一九四七年五月十五日に文部省調査局長だった辻田力氏が行った講演「教育基本法各条解説」の草稿にも表れている。(3)

《教育基本法はこの憲法の精神にもとづきまして信教の自由を教育上実現するため宗教に関する寛容の態度及び宗教の社会生活における地位を尊重すべきことを明らかにしました。それは宗教的寛容心を涵養するとともに宗教の社会生活に占める地位を教授することによりまして宗教への芽生えを育てんとするのであります。然しながら官公立の学校では特定の宗教のための宗教教育その他宗教的活動は之をしてはならないのであります》

おそらくはこの解釈のもとに、教育基本法が誕生して間もない一九五〇年には、文部省自身が編集した社会科教科書「宗教と社会生活」が分冊として発行されている。宗教の歴史や役割、宗教的寛容などが四十七ページにわたって書かれており、なかなかの出来映えだった。今日から見ればカルト対策に触れていないといった不備はあるものの、当時、この教科書についての批判はなかったようだ。この程度の内容を教えることは当然と思われていたのだろう。こうした経緯は拙著『宗教をどう教えるか』(4)をお読みいただきたい。

五つの分野

いずれにせよ、「宗教教育」という言葉があいまいすぎる。憲法や教育基本法が制定されたころ、宗教教育の詳しい中身についてはあまり議論がなかったからだ。最近の中央教育審議会の議論でも、委員によってその期待する内容が違っており、混乱する原因になっている。そこで、私は「宗教教育」という言葉を次の五つに分けて考えることにしている。

①宗教知識教育
②宗派教育
③宗教的情操教育
④対宗教安全教育
⑤宗教寛容教育

まず①の宗教知識教育は、宗教の歴史や文化について、主な宗教の教義について、あくまで知識として、客観的に教えることだ。これまでも歴史や地理の授業で仏教伝来や宗教改革といったテーマには触れてきたろうが、もう少し詳しく、前記の文部省発行の社会科教科書「宗教と社会生活」のように、一つの単元として取り上げたい。宗教の歴史、役割、主な宗教の概要、などの項目がほしい。もちろん、十字軍や免罪符やオウム真理教事件といった宗教のマイナス面、あるいは無神論・唯物論の思想も含めて、広い視野で教えるべきだ。社会科だけでなく、国語の授業で「方丈記」や「徒然草」の宗教的背景を教えるとか、あるいは音楽の授業でバッハの宗教性を語るとか、他教科でも可能なはずである。なお、宗教の時間を設けている宗教系私立学校でも、自分たちの宗派のことだけでなく、幅広い教養を持たせるための宗教知識教育には改めて取り組んでもらいたい。

②の宗派教育は特定宗派のための教育であり、当然、公立学校では禁止される。③は後回しにして、次は④の対宗教安全教育だ。対カルト安全教育といってもいいが、伝統宗教や新宗教と呼ばれる世界にも怪しい団体や言説は多いから、あえて対宗教安全教育と呼んでおこう。街頭署名、輸血問題、霊感商法などの危うさを紹介する。社会科で過去のカルト事件の事例、理科で科学の基礎、家庭科で消費者教育といった授業ができようし、「総合学習」や「道徳」の時間を利用してもいい。フランスやドイツでは、国が先頭に立って、校長や担当教師の研修、ビデオや副読本づくりをしている。

迷信撲滅の指導も必要だ。最近の子どもたちは、いや中年も含めて、オカルト、星占い、超能力、「精神世界」などが大好きだ。迷信、呪術、血液型占い、空中浮揚などの否定を具体的に教えたい。一時代前には「伝統宗教が滅びれば、無神論社会が来る」といわれていたが、そうではない。「伝統宗教が滅びれば、呪術社会に逆戻りする」というのが、宗教担当記者としての実感である。

この安全教育を行うには、必ず、⑤の寛容教育があわせて行われなければいけない。ドイツの学校では、この分野が必修になっている。たとえば、小学四年生に、ユダヤ教、イスラーム、キリスト教がともにエルサレムに起源を持つ宗教であり、仲良くすべきことを教える。ユダヤ人迫害への反省や、イスラーム系移民の増加という問題が背景にあるからだろう。しかし、日本の学習指導要領は何も触れていない。教育基本法第九条が「宗教に関する寛容の態度」を挙げているのにもかかわらず、である。外国に出かける日本人がふえ、また、外国からの客人や労働者がふえている時代なのだから、子どものころから「寛容の態度」について教えておくべきだろう。

③の宗教的情操教育は、明治三十二年に日本の公私立学校で宗教教育が禁止されたことから考えられるようになった。強い兵隊を育てるには「死の覚悟」をさせておきたいから、何とか「宗教心」だけでも学校で教えられないか、という声が出てきたのだ。戦後も、「道徳」の課題として研究されてきており、「畏敬の念」や「いのちの大切さ」の指導として取り上げられている。

賛否の分かれる分野である。そもそも、一九四六年秋から検討された教育基本法の草案では《宗教的情操の涵養は教育上これを尊重しなければならない[5]》という文言だったが、その後の討論で修正されている。当時の文部省の内部資料「教育基本法説明資料」は《「宗教的情操」という言葉を避けた理由は、宗教的情操という如きものは、特定の宗派の教育を通じてでなければ涵養できないのではないかの疑があり、新憲法第二十条第三項の規定に抵触する疑問があったからである[6]》と経緯を説明している。宗教と教育の分離を唱えながら、戦前・戦中の学校が「神道は宗教にあらず」として神社参拝などを強制していたことへの警戒が強かったのだ。

私は、公立学校でも宗教について教える道がないものか、と模索してきた。しかし、最近になって

「宗教的情操の分野は、しばらく無理かな」という気持ちになってきた。多くの学校現場を回ってみたが、壁を感じざるをえないのだ。大多数の教師が宗教に無関心である現状を考えると、まちがった宗教心を教えかねない、という心配である。その一例として、「文部省学習指導要領・道徳」の柱である「畏敬の念」の指導について考えてみたい。

「畏敬の念」への疑問

「畏敬の念」という言葉は、一九六六年に発表された中央教育審議会の「期待される人間像」で登場した。そこでは《生命の根源すなわち聖なるものに対する畏敬の念が真の宗教的情操であり、人間の尊厳と愛もそれに基づき、深い感謝の念もそこからわき、真の幸福もそれに基づく》（傍点は菅原、以下も同じ）と書かれていた。この段階では「聖なるもの」への畏敬が想定されていたわけだが、実際の「学習指導要領」では《美しいものに感動する心や人間の力を超えたものに対する畏敬の念をもつ》（一九九九年版、文部省）という目標になった。「聖なるもの」という宗教的ニュアンスを避けたのだろう。

「畏敬」とは何か。一九九九年版の解説書『中学校学習指導要領・解説・道徳編』では、《畏敬とは「敬う」という意味での尊敬・尊重と、「畏怖」、すなわち尊いものを傷つけたり踏みにじったりすることを禁じる気持ち》である、と定義されている。指導にあたっては自然などに出会ったときの《畏怖の念、不思議》を大切にし、《有限な人間の力を超えたものを謙虚に受け止める心》を育てる、ともいっている。

この「人間の力を超えたもの」や「生命の根源」は、どのように教えられているだろうか。学校を取材すると、多くの教師が「いのち」を人魂《ひとだま》のような実体として捉えているようだった。「こころ」を腎臓や胃袋のようなモノとして考えて、「体を大切に」と同じニュアンスで「いのちを大切に」と教えている。アニミズムといってよいだろう。

「いのち」を霊魂やミタマとしてとらえる宗教が少なくないが、教室で「それはどんなものですか」と聞かれて、教師は立ち往生するだろう。沖縄のユタや津軽のイタコのような説明をしたのでは、カルトやオカルトの世界に迷い込ませることにもなる。環境問題を教えるときに「森や川には生命が宿っている」などと話す教え方はわかりやすいだろうが、挫折や絶望とどう向きあうか、といった人生の指導には役立たない。少なくとも仏教やキリスト教の本質とは、まったく違ってくるだろう。

さらに考えていくと、「畏敬」「畏怖」そのものが宗教的情操の基礎なのか、と思えてきた。宗教にとって「畏れ」の感情は必須要件なのだろうか。鈴木大拙が戦前に書いた論文「新興宗教と迷信邪教」には、こんな文章があった。

《自分の力の及ばぬところに何かを求めるといふことは、いつも不安の状態を起すものである。力及ばずのところは吾不關焉（われ関せず）でおけばよいのだが、どうもさう行かぬところがあるので、捨てるには捨てられず、取らうにも取られず、いつも不安の心におびやかされてゐるのが吾等凡夫の生活である》[7]

学習指導要領のいう「畏敬の念」とは、ここでいう「不安の心」のことではないか。「人間の力を超えたもの」にしても、この「自分の力の及ばぬところ」を指すように思える。そうであれば、危ういことも出てくるのだ。私たちはとかく「自分の力の及ばぬところ」として「善なる神」を置いて考えがちだが、それが悪魔や魔性であることもありうる。「聖なるもの」に畏《かしこ》む純朴さは美しくも見えるが、その無垢《むく》につけこむカルト教団が多いことも忘れてはならない。

そもそも、「畏敬の念」とは、科学の発達していなかった時代の畏怖感情を前提にした宗教観である。大昔から近世に至るまで、自然は恐ろしい存在だった。日食も伝染病も神の怒りとしか見えなかった。しかし、そうした見方も科学の発達とともに変わってきた。だから、古代的感性のままの宗教では、科学的知性を持った現代人からは見放される。「死」の恐怖につけ込む呪術としての意味しか残らなくなる。ブッダやイエスらの説いた宗教には、もっと深い根源的な世界が広がっているはずなのに。

たしかに、古代ユダヤ教の聖典である『旧約聖書』には《主を畏れ敬え。主を畏れる人には何も欠けることがない》(「詩篇」三四・一〇)とか、《地の果てに至るまですべてのものが神を畏れ敬いますように》(「詩篇」六七・八)などと、「畏れ」を持つことが宗教的人間の必須条件のように書かれている。ちなみに、日本聖書協会発行の新共同訳『聖書』(一九九三年)では、神に対する「おそれ」は「畏怖」の「畏れ」と書き、偶像や自然や怪異に対する「おそれ」は「恐怖」の「恐れ」と表記して、使い分けている。そこで、CD-ROM版聖書で神への「畏れ」を検索してみると、『旧約聖書』全体では二百六十三回もあった。

しかし、イエスの登場後が舞台になっている『新約聖書』では、「畏れ」は二十五回だけで、『旧約聖書』の十分の一以下だ。しかも、イエス自身の言行が記された四つの「福音書」には合わせて三回しかない。そのうちの一回は聖母マリアの言葉であり、残りの二回だけがイエス自身の言葉として伝えられている。このことは、イエスの出現によって、『旧約聖書』の父権的・呪術的な畏敬感情が後退したことを示しているのではないか。「畏れ」の宗教から「愛」の宗教に変わった、ともいわれている。

ただし、『旧約聖書』にも《死の陰の谷を行くときも／わたしは災いを恐れない。あなたがわたしと共にいてくださる。》（「詩篇」二三・四）といった言葉がないわけではない。こうした思想がもとになって、『新約聖書』では「ヨハネの手紙一」の《愛には恐れがない。完全な愛は恐れを締め出します。なぜなら、恐れは罰を伴い、恐れる者には愛が全うされていないからです》（四・一八）などと語るまでになったのかもしれない。

施無畏

仏教の場合はどうだろうか。『仏教語大辞典』[8]などで調べてみたが、仏典に「畏」のつく言葉はほとんどない。思いつくのは、「施無畏」abhaya-dāna という言葉だ。この「せむい」は観音さまの別名で、「法華経」の観世音《かんぜおん》菩薩《ぼさつ》普門品《ふもんぼん》第二十五にはこうある。

《是《こ》の観世音菩薩・摩訶薩《まかさつ》は、怖畏《おそれ》の急難の中において、能《よ》く無畏《むい》を施す。この故に、この娑婆《しゃば》世界に

おいて皆これを号《なず》けて施無畏者《せむいしゃ》となすなり(9)》

「無畏を施す」とは「畏れないことを施す」「畏れるな」という意味だ。火難、水難、鬼難など、恐ろしいことが起こったり、化け物が出そうになったりしたときは、この観音さまを思い浮かべて退治・退散させなさい、というのである。といって、「観音」という正義の菩薩が出てきて、ドラキュラのような悪魔をやっつけるという話ではない。人間が正しい智慧を身につければ、何も畏れることはない、という思想のシンボルだ。「観音」は「観自在」ともいわれるように、論理的な思考、つまり「原因があって結果がある」という因果の理を知るならば、自在に観ることができるようになり、妖怪にも幽霊にも縛られない、ということを表している。大丈夫、ちっとも怖くないよ、というわけだ。

　仏教は本来、「畏れるな」を教える宗教といっていいだろう。ほかの仏典からも同様の言葉は数多く拾うことができる。

《心が煩悩に汚されることなく、おもいが乱れることなく、善悪のはからいを捨てて、目ざめている人には、何も恐れることが無い》（法句経＝ダンマパダ(10)）

《かくの如し、かくの如し。もしまた、人有り、この経を聞くことを得て、驚かず、恐れず、畏れざれば、まさに知るべし、この人は甚だ希有となす》（金剛般若経(11)）

　京都・太秦《うずまさ》の広隆寺にある弥勒菩薩半跏思惟像《みろくぼさつはんかしいぞう》にしても、どう見ても「畏怖」とは無縁の顔である。

「いや、東大寺の金剛力士像は怖い顔をしている」という声もあろうが、あれは古代インドの神々、つまりヒンドゥー教の神々であって、仏教本来のものではない。仏教は古代の神々や鬼神を超えるところに登場したのであり、得体の知れないものを畏れる思想ではない。明治の浄土思想家・清沢満之も「有限無限録」六九で書いている。

《怖畏ノ情ハ我ノ他ニ侵害セラル、コトヲ怖畏スルナリ　既ニ己ヲ忘レテ無我ノ心ニ住スルモノハ怖畏ノ情ヲ滅殺シ得ヘキナリ　而モ尚怖畏ヲ免カレサルアルハ無我心ノ確立セサルニアルヲ反省スベシ(12)》

このように、学習指導要領が勧める「畏敬の念」は、仏教の本来から見れば「迷い」の推奨である。カルト対策のことを考えるならば、迷信や呪術への心構えとして、むしろ「畏れるな」と教えるべきなのだ。「敬虔の念」や「驚異の念」ならまだしも、「畏怖の念」などは必要ないのである。もちろん、神道のように「畏《かしこ》み、畏み」と畏れ拝む宗教があることはたしかだが、そうした宗教観を一律に押しつけることは特定の宗教を教えることになり、日本国憲法や教育基本法にも違反するだろう。

「畏敬の念」を批判しているからといって、道徳教育すべてがいけない、というのではない。ゴミをきちんと捨てようとか、携帯電話はマナーを守ろうといった、公民教育は大切である。しかし、宗教への関心や理解がほとんどない現在の公立学校で、この「宗教的情操」を教えることは問題が多すぎる。

私の批判は「宗教的情操教育は、いずれ神道など、特定の宗教に肩入れすることになるから反対だ」といったことではない。そういう面も気をつけなければならないが、底の浅い宗教理解によって子どもたちに奇妙な宗教観を植えつけかねない、ということである。ジャン・ジャック・ルソーも、宗教教育について『エミール』でこう警告していた。

《神の奇怪な姿を子どもの精神にきざみつけることの大きな弊害は、それが一生のあいだ子どもの脳裏

に残っていて、大人になっても子どもじみた神のほかには神というものを考えなくなることだ》[13]

たとえば、子どもたちはとかく、神さまは雲の上にいるひげの生えたおじいさん、というふうに理解しがちだ。しかし、本当の神はそんな形ではあるまい。それではかえって宗教の深さを誤解させる、といいたいのだろう。

「心のノート」について

文部科学省は二〇〇二年春、全国の小中学生千二百万人に「道徳」の授業の教材として『心のノート』を配った。小学一・二年生用、三・四年生用、五・六年生用、中学生用、それに小学校教師用、中学校教師用の計六冊だ。文章の言い回しを現代向けにして、レイアウトもはなやかにしている。

このノートに対しては、もっぱら「愛国心」の記述などへの厳しい批判が出ている。[14] たしかに、個人よりも集団、自由よりも規律に重点があって、日本国憲法や教育基本法をきらってきた保守グループの路線に沿っているようにも見える。しかし、「中学生用」には《地球人の一人として、日本を愛することが、狭くて排他的な自国賛美であってはならない。この国を愛することが、世界を愛することにつながっていく》と釘を刺している文章もあって、一概に決めつけられない面もある。

本書では、そうした問題についてはほかの論者にまかせ、もっぱら宗教の面から読み返すことにする。たとえば、小学五・六年生用の「生命を愛《いと》おしむ」には次のような標語がある。

《生きているんだね、自然とともに。自然を大事にすることは、自分を大事にすること》
《いま、生きているわたしを感じよう。支えられている自分の生命を感じ、もっと輝かせたい》
《大いなるものの息づかいをきこう。「大いなるもの」を心と全身で感じよう》

こうした呼びかけを見ていると、知ってか知らずか、文部科学省がひそかに信じている宗教観がほのみえてくる。「環境問題→自然→感動→生命→畏敬→超越的存在→?」という構図である。美しい自然の背後には「生命」があり、そこには畏敬すべき神々が宿っている、と考えているのだ。これは原始宗教の霊魂観であり、宗教学でいうアニミズムに近いだろう。あえて意地悪く読むと、その神々は神社によって祀られ、神社神道の総本山は伊勢神宮であり、そこには天皇家が深くかかわっている、という具合に読めないわけではないが、これは邪推だろうか。

こうした宗教観は少なくとも、仏教とはかなり違っている。仏教の本来は先に述べたように「畏れ」を否定し、自分の外にある「人間の力を超えたもの」や「ヒトダマ」を前提にしていないからである。

そんな思いで読み進めていくうちに、とても共感したページに出あった。「中学生用」にある《良心の声を聞こう》というタイトルの、次のような文章だった。

《人はだれでも、心の中に弱さや醜さをもっている。欠点や弱点のない人間なんて、どこにもいない。(中略)そう、生きていればいろいろなことがある。私たちが送ってきた人生にも、うれしいこと、楽しいこと、悲しいこと、つらいこと、いろいろなことがたくさんあった。これからも、ずっと長い人生を歩んでいく私たち。もっともっといろいろなことがあるだろう。自分の人生。一回限りの私の人生。

心の内にある良心の声に耳を傾け、強く、誇りをもって、生きていく意味をかみしめていきたい》

人間の弱さや醜さを書き込んだ点は、とかく誇り高い文部科学省の文書としては快挙ではないか。大いに評価していいだろう。リクルート事件で事務次官が逮捕された事件を思い出して、内部に「少しはわが身も振り返ろう」と主張した編集委員がいたのかもしれない。

しかし、残念ながら記述はここだけなのだ。「ノート」全体を読んでみると、相変わらず「優等生」や「よい子」ばかりを目指している印象を受ける。前記の文章を解説した教師用解説書『中学生用・活用のために』になると、せっかくの「良心の声」も、次のように「強さ」や「気高さ」にすり替えられている。

《「良心の声」とは、心の中にあるその人の人間としての強さであり気高さである。弱い自分や、よくないことを考える自分を叱責し、「ちゃんと生きよう」と励ます声である》

人生勉強の貴重な機会になるはずの挫折や失敗についても、やはり表面的な記述に終わっている。小学三・四年用の「心のノート」では、こんなふうに書かれていた。

《あやまちを〔たから〕としよう……。あやまちは、これからの自分をよくしていくための〔たから〕となります。それには、あやまちをしてしまった原いんをよく考えて、「もう、これからはぜったいにしないぞ」と、強く思うことです。そして、あやまちを人のせいにしたり、ごまかしたりしないことが大切です。昔から言われていることわざに、次のような言葉があります。「失敗は成功のもと」》

そもそも「良心の声」を語るなら、その前に反省や後悔や謝罪をしっかり教えなければならない。あっさり「失敗は成功のもと」などと片づけ、早々に叱咤激励する指導では、人生を深く教える大切なチャンスを逃してしまう。

全体として、道徳教育の指導には、こうした懺悔、罪業、罪障という宗教的視点が欠けているのではないか。「良心の声」というテーマはもっともっと重いはずである。たとえば、哲学者たちはこう書いている。(15)

《良心の呵責《かしやく》というものは、我々の自己の生命の底から揺り動かす》（西田幾多郎「場所的論理と宗教的世界観」）

《懺悔は今日世界歴史の諸国民に課する所である。懺悔道は歴史の転換期たる現代の哲学として必然の意味を有する。諸国民がその立場において懺悔を行じ、それを通じて兄弟性の社会建設に進むことが歴史の要求であろう》（田辺元「懺悔道としての哲学」）

霊魂や超越者を畏敬することではなくて、この「良心の呵責」や「懺悔」を教えることこそが生命を揺り動かす情操教育の基本ではないか、と私は思う。罪の意識に苦しんでこそ、内面は深まるのである。先に紹介した《狭くて排他的な自国賛美であってはならない。この国を愛することが、世界を愛することにつながっていく》を指導の基本とするなら、たとえば、過去の植民地支配や近隣諸国への侵略に対する反省なしに「良心の声」を教えていいだろうか。《あやまちを人のせいにしたり、ごまかしたりしない》と教えるにしても、この国の指導者たちにその姿勢はあるのだろうか。

孤独のレッスン

小学校の冬休みに出される書き初めの宿題といえば、いまも「未来」「希望」「ゆめ」という字が多いだろう。そんな具合に、学校は「プラスの人生」ばかりを教える傾向がある。しかし、それだけで人生を語ることはできない。たとえば、高校入試が近づくと、大半の中学生は希望も夢も壊される。大人になっていく過程でだれもが味わわなければならない試練だが、それなら「マイナスの人生」、つまり絶望や孤独もあらかじめ語っておくべきだろう。多くの教師は「そういうことを話すと、教室が暗くなる」と言い訳をするが、そうだろうか。たしかに明るい教室は望ましいが、いつもお笑いの場である必要はない。むしろ、そういう教師自身が暗くなることから目をそむけたいのではないか。絶望や不安や死が恐ろしくて、考えたくないのである。

希望だけの人生はありえない。だれでもいつかは孤独になり、絶望し、悲しいことに出あうものだ。そうしたときに備えて、孤独の訓練をしておく必要がある。安っぽい希望や中途半端な激励はむしろ危険である。「もう一度がんばろう。きっと成功するよ」といった教え方では、傷を深くするだけだ。そうではなく、見える形の希望だけがすべてでないこと、もっと大切なことがあることに気づかせなければならない。ドイツの実存主義哲学者オットー・フリードリッヒ・ボルノー（一九〇三〜一九九一）は、「危機と新たな始まり」という論文でこう書いている。

《教育者がしてはならないことは、慰めのごまかしによって危機の重みを弱めようとすることである。むしろ、教育者は、危機の全体を受けとめてそれを避けることなく、危機から自由に解放されるまで持ちこたえるように、若い者を助けねばならない[16]》

たとえば、もっと沈黙や静寂に慣れさせることが必要だ。いまの私たちには、沈黙がなさすぎる。子どもは登校途中でも、電車の中でも、携帯電話で友だちと話している。家に帰れば、インターネットでだれかとつながりたがる。見えるもの、言葉で確認できるものによってしか、自分を確認できない。沈黙がなくて、どうやって自分に目を向けることができるだろう。他人との関係においてではなく、自分との対話、とくに不安の中にある自分と向き合うことが必要なのに。

ルソー以来の教育学を振り返ると、ペスタロッチら偉大な教師たちは、教育は生活や生産のための技術指導だけではいけない、と考えてきた。さまざまな試みがなされてきたが、結局は「人生の指導」をどう学校現場で実現させるか、という模索だったろう。

こうした価値観の教育は、政治体制や時代によって、宗教教育、倫理教育、公民教育、修身教育、道徳教育などと呼ばれてきた。残念ながら、政治権力によって利用されがちで、右に左に揺れ、あるいは宗教の否定や肯定になり、争いの種にもなりがちだった。日本で行われていた戦前の修身教育は、軍国主義と天皇崇拝に利用された。旧ソビエトや旧東ドイツなどで行われていた唯物論に基づく倫理教育も、結局は社会主義政権を礼賛する方向をたどった。

戦後の韓国は道徳教育を採用してきたが、その授業はやはり軍事政権を褒め称える内容になりがちだった。民主化されてからは、宗教系学校の関係者から「だから、永遠の存在である神仏に仕える宗教教育でなければならない」という声が起きた。貴重な実験だったと思う。しかし、それに代わって伸びつつある宗教教育にしても、新しい問題が起きている。二〇〇二年夏に兵庫県西宮市で開かれた「宗教と社会」学会の学術大会では、シンポジウムに招かれたクリスチャンの済州大学教授がこんな発言をしていた。

「韓国は儒教を背景に仏教や民間信仰の強い風土だったが、最近はキリスト教徒が八百万人にまでふえた。しかも、原理主義的プロテスタントが急増している。彼らの多くは他を邪教としか見ないために、社会や学校で対立を引き起こしている。そうした争いが教育現場に持ち込まれないようにすべきです」

つまるところ、宗教教育、倫理教育、道徳教育、それぞれに問題があることになる。では、肝心の「人生の指導」はどうなるのか。フランスのように、個人の生き方については家庭で教えるべきであって学校では不必要、という選択もありうるが、それでかまわないかどうか。そのフランスでも、家庭崩壊が進んでいる現状を前に、従来の路線を見直し、一九八〇年代からは宗教知識教育の分野を教える傾向になっている。学校でも何かしら「人生」を教えるべきだ、という意見も強まっている。

「宗教的情操教育」については、その言葉にこだわらないで「根源的情操教育」、あるいはわかりやすく「人生教育」とでも言い直してはどうか、と私は思っている。人間の限界や悲しみを見つめ、孤独や沈黙をとおして人生を考えさせる指導はぜひとも必要だが、必ずしも宗教の世界だけで考えていく問題でもない。哲学や心理学や倫理学、あるいは文学や芸術といったジャンルも含めて、広い視点から研究すべきだろう。「根源的情操教育」とか「人生教育」とでもすれば、唯物論や無神論の人たちにも抵抗感は少なくなる。宗教に無知・無関心ではあっても、人生を深く考えている先生ならば、十分に取り組めるはずだ。どうしても「信仰」を学校に持ち込みたい人にはもの足りない結論かもしれないが、それは寺院や教会、あるいは家庭や教団が自らの努力で取り組むべきことである。

教育基本法を読み直す

ここまで書き進んで、一九四七年に制定された教育基本法を改めて読み直してみた。いささか、まぶしいなあ、という思いだった。第一条に登場する「真理、正義、健康」といった言葉に気恥ずかしくなった。こうした言葉を振りかざす先生が目の前に現れたなら、成績が悪く、小さな悪事を重ね、不健康な妄想にふけっていた私のような生徒は、教室から逃げ出したくなるだろう。はい、はい、そのとおりでございましょう、でも、人生も社会もそんな具合にはいきませんよ、といいたくなる。先ほどからの文脈で語るなら、この条文には絶望も孤独も不安もないように見える。口あたりのいい、ご立派なタテマエが支配している。第二次世界大戦がもたらしたニヒリズムや実存主義をとおして眺めてみると、いかにも十九世紀ロマン主義の、青臭い作文に読めるのだ。

しかし、さらにもう一度読み返して、この法律を作ったときは、そうしたことを書く必要もなかったのだ、と気がついた。敗戦直後の混乱のなかで、人々はまさに絶望し、孤独と不安の中で過ごしていた。

人生に夢も希望も持てなかった戦争の日々は、つい昨日までのことだった。大本営発表の虚偽を知ったからこそ、真理の大切さを痛感していた。軍人や政治家や隣組班長らの不正を見せつけられていたからこそ、正義を問わなければならなかった。飢えと貧困が日常だったからこそ、健康をうたい上げた。教え子を戦場に送った教師が多かったからこそ、心から平和を誓ったのだろう。

単なる机上の理想主義から生まれたのではなく、貧しさや偽善、人間の弱さや不条理を身をもって体験した人たちがこの法律を作り、また受け入れたのである。それが、制定当時の空気というものだった。しかし、その熱気が冷め、理想が忘れられ、飽食と無気力と惰性が行き渡っている昨今である。立法の精神が忘れられたのも当然かもしれない。

二〇〇二年の春、宗教教育を考えるカトリック教会の集まりがあって、高名な政治学者であるA先生が「現代日本のモラルの解体は宗教教育の欠如に原因があり、それは教育基本法の欠陥から来ている」と講演した。社会のモラルや秩序を守るためには、いまこそ宗教の力が必要だ、という趣旨だった。神仏を拝んでいることを広言する人からは、しばしば聞かれる意見である。

しかし、宗教とモラルは別もののはずだ。もし宗教の役割が倫理や道徳や秩序のためにあるのなら、体制維持の道具ということになる。まさにマルクスが「宗教はアヘンなり」と批判したとおりである。モラルや道徳も大切だろうが、宗教はその程度のものではない。親鸞は「教行信証」(17)の中で《主上臣下《しゅじょうしんか》、法に背き義に違《い》し、忿《いかり》をなし怨《うらみ》を結ぶ》と朝廷を批判したし、権力や体制に反抗した宗教者は古今東西、数多くいる。先の清沢満之も論文「宗教的信念の必須条件」で書いていた。

《宗教的天地に入らうと思ふ人は、形而下の孝行心も、愛国心も捨てねばならぬ。其他仁義も、道徳も、科学も、哲学も一切眼にかけぬやうになり、茲《ここ》に始めて、宗教的信念の広大なる天地が開かるゝのである[18]》

現代日本のモラルを混乱させた原因は、日本国憲法でも教育基本法でもない。アメリカ文化に追随して欲望をあおり、金もうけこそがすべてであると思わせてきた戦後の政治経済体制が元凶なのだ。そのことは、だれが見ても明らかではないか。そして、ロッキード事件やリクルート事件に代表される政官財界の腐敗、汚職と金権の体質にも問題がある。不道徳こそが金もうけの近道だ、と子どもにも思わせてきたからである。

しかし、保守政治家たちはそのことを自分たちの責任だとは認めたくないのだろう。そうなると、何とか別の「悪玉」を見つけなければならない。たまたま、そのスケープゴートに選ばれたのが教育基本法だった。教育論議はすぐに結果が出ないから、政治家にとってはすこぶる便利な玩具《おもちゃ》なのだ。

某私立大学のトップでもある先のA先生は、旧文部省の審議会などにも参加してきた人だった。先の発言に続いて、さらに「現行の教育基本法には、世界の平和を願うという『全体』の論理、個人の権利を守るという『個』の論理はたしかにある。しかし、その中間にあるべき国家や民族という『種』の論理がない。『種』の大切さも教えるべきだ」と発言した。会場にいた私立学校の関係者たちは、自分たちも愛国心や君が代・日の丸の指導を徹底するよう求められた、と受け取っていた。

しかし、教育基本法に「種」の論理がないことは、宗教の側からみれば、ごく当然のことである。それこそが宗教本来の理想にかなっているのだ。たとえば、イエスという人物は、ユダヤ民族という「種」を乗り越え、すべての人間に通じる教えを語った。ゴータマ・ブッダにしても、古代インドの釈迦族の皇太子だったが、その祖国を捨てて一介の求道者となり、衆生救済のために法を説いた。だからこそ、普遍宗教として発展したのである。「種の論理」がないと批判される教育基本法は、じつはそうした先人たちの偉大な願いにかなっているわけだ。いま、その姿勢をなぜ捨てなければならないのか。国や共同体の将来を考えることも必要なときはある。だが、教育の理想を述べた「基本法」に、いちいち細かいことまで書くべきだろうか。

本書の「殺すなかれ」の章で述べたように、仏教には「戒律」という言葉がある。「戒」とは理想の高い大原則、「律」はその実際的な方法を指すのだが、日本国憲法や教育基本法はその「戒」にあたるだろう。「人を殺してはならない」という不殺生戒は大原則だが、ときには「正当防衛」といった事態も起こりうる。そうした現実に合わないことが出てきたときは、「律」にあたる一般法規で暫定的・例外的に対応していくのである。もちろん、「正当防衛を認めるために、憲法第九条を捨てよ」などというのは、「戒を捨てよ」ということであるから、本末転倒ということになる。

大切なことは、理想は理想として高く掲げながら、その精神に照らして自らを省みることだろう。一時の感情や政治家の思惑などで、教育基本法という「戒」を捨てることはないのだ。宗教教育の必要を真剣に説くのなら、大原則とは何か、己の仰ぐ祖師・先人たちの本当の教えをまず思い起こすべきである。

注

（1）文部省訓令十二号《一般ノ教育ヲシテ宗教ノ外ニ特立セシムルハ学政上最必要トス依テ官立公立学校及学科課程ニ関シ法令ノ規定アル学校ニ於テハ課程外タリトモ宗教上ノ教育ヲ施シ又ハ宗教上ノ儀式ヲ行フコトヲ許サザルヘシ》＝一八九九年（明治三十二）八月三日、教育と宗教の分離に関する訓令。

（2）教育基本法第九条を第八条との関わりで考えることについては、浪本勝年・立正大学教授にご示唆をいただいた。

（3）鈴木英一・平原春好編『資料　教育基本法50年史』（勁草書房、一九九八年）参照。

（4）菅原伸郎『宗教をどう教えるか』（朝日選書、一九九九年）

（5）前掲『資料　教育基本法50年史』参照。

（6）前掲『資料　教育基本法50年史』参照。

（7）『鈴木大拙全集』第三十二巻（岩波書店、二〇〇二年）所収。

（8）中村元『仏教語大辞典』（東京書籍、一九七四年）

（9）『法華経』（坂本幸男・岩本裕訳注、岩波文庫、一九六二年）。普門品の入門書に、奈良康明『観音経講義』（東京書籍、一九九七年）がある。

（10）「法句経（ダンマパダ）」三九（岩波文庫『真理のことば・感興のことば』所収、中村元訳、一九七八年）

（11）「金剛般若経」（岩波文庫『般若心経・金剛般若経』所収、中村元ほか訳、一九六〇年）

（12）『清沢満之全集』第二巻（岩波書店、二〇〇二年）所収。

（13）ルソー『エミール』（今野一雄訳、岩波文庫、中巻、一九六二年）

(14) 三宅晶子『「心のノート」を考える』(岩波ブックレット、二〇〇二年)など参照。
(15) 西田幾多郎「場所的論理と宗教的世界観」は『西田幾多郎哲学論集III』(上田閑照編、岩波文庫、一九八九年)所収。田辺元「懺悔道としての哲学」は『懺悔道としての哲学・死の哲学』(燈影舎、二〇〇二年)所収。
(16) ボルノー『人間学的に見た教育学』(浜田正秀訳、玉川大学出版部、一九六九年)所収。
(17)『日本思想体系』第十一巻「親鸞」(岩波書店、一九七一年)所収。山崎龍明編『真宗と社会』(大蔵出版、一九九六年)参照。
(18)『清沢満之全集』第六巻(岩波書店、二〇〇三年)所収。

あとがき

新聞記者だったころ、新年の紙面で「浄土と神の国」という対談を企画しました。真宗大谷派の僧侶である坂東性純・元大谷大学教授と、プロテスタント神学の八木誠一・元東京工業大学教授がこう発言しています。

坂東　「ああ、阿弥陀さまのお慈悲は、この私にまで及んでいる」と感じることがある。この体験や感動が大事ですね。それをどう表すか。浄土思想は、阿弥陀とか無量寿とか、つまり、限りなきものと仮に名前をつけたが、ほかの名前でも構わない。だから体験が先で、名前が後。逆ではない。浄土も感動や宗教体験が先にある。

八木　浄土や神の国を神話的に実体化して考えると、現代人はそんなものはありゃしない、と思う。しかし、「神の支配」の体験は本来、だれもが持てるものです。そこを抜かして、いきなり、超越的な実在を信じなさい、なんていったって始まらない。

（朝日新聞東京本社版、一九九九年一月七日付夕刊「こころ」面）

そうなのだ、と合点《がてん》がいきました。いつまでも「超越的な実在」などにこだわっているから、子どものような神観念から離れられないのです。頼ったり、すがったり、あげくには宗教がばかばかしくもなります。そうではなく、宗教の本質はまさに「感動」そのものなのです。そのことに気づくと、この世の中はまったく新しく、輝いても見えてくるでしょう。この宗教観を受け入れるなら、両先生がそうだったように、仏教とキリスト教は肝胆《かんたん》合い照らす仲になるかもしれません。イスラームの神秘主義など、ほかにも深いところで通じあえる教えがあるように思います。

そこのところを何とか理解していただきたく、本書では詩を多めに引用してみました。その深さを味わってみてください。ただ、そのために宗教哲学の方面が中心になり、宗教と倫理の関係については後半の二章だけとなりました。自殺、死刑廃止、安楽死や尊厳死、葬送、政治とのかかわりといった今日的な課題については、別の機会に取り上げたく思います。ただし、宗教教育の問題については、本書を執筆するに至った動機でもあり、以前に書いた文章に大幅な加筆・削除をして「付章」として掲載しています。

「宗教の教科書」といっても、中立、公平、無難にではなく、あくまでも私が生きてきた時代と個人の体験をもとに書いています。教室などで参考にする場合は、自分自身の挫折や失敗も含めて、「人生」を語っていただきたいと思います。刻々と変わる世界の動きに触れることも大切です。仏教でいう「応病与薬《おうびょうよやく》」で、つまり医者が個々の患者の病状や体力に応じて薬を処方するように、状況に応じて利用されるようお願いいたします。

私は、文献を研究する学者でも、寺院や教会に身を置く宗教家でもありません。祈りや坐禅や念仏が身についているわけでもありません。その代わり、新聞記者という立場で、宗教界を自分自身の目で偏りなく見てきたつもりです。どこの教団にもどこの宗派にも遠慮していませんから、その点だけは安心していただけると思います。

というわけで、取材の途中では、ぶしつけな質問を重ね、多くの方に迷惑もおかけしました。諸先生には研究室や僧堂や居酒屋で、貴重なご指導やご示唆をいただきました。参加している「東西宗教交流学会」「浄土論注に学ぶ会」などでも、多くのことを学んできました。心からお礼を申し上げます。

朝日新聞社に勤めていた私は、最後の九年間、東京本社学芸部で「こころ」のページを担当しました。その仕事があってこそ勉強もできたわけで、心優しい先輩や同僚には感謝するばかりです。また、本書の大部分は、退社前後から勤務している東京経済大学、拓殖大学、立正大学の授業で試みた講義録がもとになっています。貴重な質問や読書感想文の提出など、学生諸君には大いに助けられました。そのほか、淑徳大学や東京女子大学での特別授業、各地の公開講座、寺院や教会などでも一部はお話しさせていただいています。

原稿を読んでいただいた菅原建さん、西間木公孝さん、宮田久美子さん、校閲の宮崎雅子さんからは厳しいご指摘を受けました。そして、トランスビューの中嶋廣さんは、遅れがちな執筆を辛抱強く励ましてくれました。ありがとうございました。

二〇〇四年十二月四日

菅原伸郎

（参考文献は、入門書や文庫本など、わかりやすく、入手しやすいものを優先しました。本文中の人名は、歴史上の人物は敬称を省きましたが、お世話になった方々には「さん」などをつけました。呼び捨てにする気持ちになれなかったからです。）

菅原伸郎（すがわら　のぶお）

1941年、岩手県奥州市生まれ。早稲田大学第一政治経済学部政治学科卒。朝日新聞社で論説委員、大阪本社学芸部長、東京本社学芸部「こころ」編集長などを務め、2003年に退社。2005年より東京医療保健大学教授。ほかに東京経済大学、拓殖大学、立正大学、早稲田大学、立教大学、東京女子大学、東京慈恵会医科大学などで講師を務める。著書に『宗教をどう教えるか』（朝日選書、1999年）、『戦争と追悼――靖国問題への提言』（編著、八朔社、2003年）など。

E-mail：nob5101sug@jcom.home.ne.jp

宗教の教科書　12週

二〇〇五年　一月一〇日　初版第一刷発行
二〇一一年一〇月　五　日　初版第八刷発行

著　者　菅原伸郎
発行者　中嶋　廣
発行所　株式会社トランスビュー
東京都中央区日本橋浜町二-一〇-一
郵便番号一〇三-〇〇〇七
電話〇三（三六六四）七三三四
URL http://www.transview.co.jp
振替〇〇一五〇-三-四一一二七

印刷・製本　中央精版印刷

ISBN4-901510-29-0　C0014